明清经济

与社会发展研究

王瑞平/著

中国水利水电出版社
www.waterpub.com.cn
·北京·

内 容 提 要

明清五百年是中华民族历史上一个从昌盛到苦难的时代,既有大明帝国的辉煌,也有清朝康雍乾三代的盛世,中华民族在闭关锁国的时代里完善着自己的发展。明清时期中国的经济是延续了一千多年的小农经济,中国的传统农业两千年来几乎以一个模式重复着,从史书记载和考古情况来看,中国社会的制度模式、思想意识、生活方式、生产方式几乎没有多大转变。本书从历史发展的轨迹中寻找现代社会发展的线索,探究明清兴衰的原因,总结历代改革的经验教训,以期为当前我国社会经济的发展提供绵薄之力。

图书在版编目(CIP)数据

明清经济与社会发展研究 / 王瑞平著. -- 北京 :
中国水利水电出版社, 2017.4(2022.9重印)
ISBN 978-7-5170-5290-6

Ⅰ. ①明… Ⅱ. ①王… Ⅲ. ①经济史-研究-中国-
明清时代②社会发展史-研究-中国-明清时代 Ⅳ.
①F129.48②K248.07

中国版本图书馆CIP数据核字(2017)第074571号

书　　名	明清经济与社会发展研究　MINGQING JINGJI YU SHEHUI FAZHAN YANJIU
作　　者	王瑞平　著
出版发行	中国水利水电出版社
	(北京市海淀区玉渊潭南路 1 号 D 座 100038)
	网址:www. waterpub. com. cn
	E-mail:sales@ waterpub. com. cn
	电话:(010)68367658(营销中心)
	北京科水图书销售中心(零售)
	电话:(010)88383994、63202643、68545874
经　　售	全国各地新华书店和相关出版物销售网点
排　　版	北京亚吉飞数码科技有限公司
印　　刷	天津光之彩印刷有限公司
规　　格	170mm×240mm　16 开本　10.25 印张　133 千字
版　　次	2017 年 11 月第 1 版　2022 年 9 月第 2 次印刷
印　　数	2001—3001 册
定　　价	46.00 元

前　言

明清 500 多年是中华民族历史上一个从昌盛到苦难的时代，既有大明帝国的辉煌，也有清朝康雍乾三代的盛世，中华民族在闭关锁国的时代里完善着自己的发展。十五六世纪西方的文艺复兴打破了世界平衡，而后的工业革命改变了世界格局，大国不再是强国，强国不一定是大国。一向以"普天之下，莫非王土；率土之滨，莫非王臣"的东方文明自居的中国在西方洋枪洋炮的攻击下显示出极其脆弱的一面，清朝晚期中华民族的命运犹如漂浮在大海上的茅草屋，虽大却虚，自己也不知何时沉入大海。有着 5000 年文明的中华民族当然不会屈服于任何外来的压力，林则徐焚烧鸦片、太平天国的美丽设想、义和团运动的轰轰烈烈、戊戌六君子的英勇就义、具有划时代意义的辛亥革命，这些不朽的篇章构成了中华民族的脊梁。1911 年，清朝谢幕，明清 500 多年的历史看似结束，其实不然，一直到今天，我们的思想仍然受着这 500多年、乃至 5000 年的影响。我们传承的思想里既有春秋战国形成的诸子百家文化的精华，也有 2000 多年专制社会中形成的习惯思维，创新又保守、进步又固封、开放又自守，矛盾体处处存在于我们的生活里。明清的社会专制而又一统，存在 200 多年的明朝，其政治体制稳定而又不僵硬，其间的繁华也涌现出资本主义的萌芽。清朝社会发展虽承袭明朝，但其处处体现出来的民族压迫又严重影响了历史的进步。清朝是一个专制终结的时代，也是一个近现代开启的时代。习近平总书记在十八届中央政治局第一次集体学习讲话中说到的"物必先腐而后虫生。"其实就包含了这个道理。历史的发展处处充满着哲学的道理，物极必反，中华民族新的历史图景就是在这样的背景下展开的。明清时期的中国经济是延续了1000年多年的小农经济,中国的传统农业2000年来几乎是以一个模式重复着,从史书记载和考古情况来看,中国社会的制度模式、思想意识、生活方式、生产方式几乎没有多大转变。日出而作、日落而息的习惯深深地印在人们的脑子里。人们习惯了大中华的稳定生活,在大多数时间里其乐融融,人与自然保持着和谐有序的关系。也有相当长一段时间因战乱不息而使中国古代社会经济呈周期性倒退或停滞,2000多年的封建社会体制未能孕育出一个新的制度。明清人口是中国人口发展的拐点时期,之前的有记载的2000多年历史上,中国人口一直未超过6000万人。虽然很多专家认为中国古代人口漏记严重,但基本数据还是不可能有大的改变的。明朝200多年人口记载也从未过亿,到了清代康熙皇帝摊丁入亩之后人口发展开始出现新变化,人口突破一亿、两亿、三亿,鸦片战争时已达到4个亿。明清时期的文化也体现了时代的特点。明清两朝500余年,科举考试达到鼎盛,明清两朝科举共有10万进士题名,八股文水平炉火纯青,名著甚多,犹以长篇小说为著。《西游记》的文笔与思想成为历史丰碑,千古传诵;《三国演义》《水浒传》亦成为中华民族500年之精神食粮。就连被视为"黄书"的《金瓶梅》其文笔也令人叹为观止。《红楼梦》更是集语言之大成。明清文学的优美文笔已成为历史不朽的篇章。文学可以改变人的思维,也可以固化人的思维。明清文学成为中国古代文化的顶峰,令人回味,但渐渐远去,对于现代成长在互联网环境下的青少年来说已经大多不知水浒,也不知三国,更不知红楼。只有20世纪70年代以前出生的人脑子里还有着这些名著深深的烙印。历史上的一切如过往烟云,翻开历史真是"江山代有人才出,各领风骚数百年"。但历史从来没有像今天更新得这么快,专业学习历史36年的我已明显感到自己跟不上时代的步伐了,总是想从历史发展的轨迹中寻找现代社会发展的线索,思考春秋战国那个中华民族历史上少有的思想迸发的时代,细考诸子百家著作每句话的含义。总想模仿司马迁

"究天人之际,通古今之变",探究历代兴衰之原因,理历代改革之经验教训。回顾自己的思想历程,虽穷力思考,偶有点滴,但终觉无获,空想而已。历史在进步,时代在前进,但愿通过努力的思考我不会落伍太远!

笔者
2017 年 3 月

目 录

一、明代人口之谜探析

明朝是一个广土众民的国家。从 1368 年朱元璋即位到 1644 年崇祯帝自杀，共有 276 年的历史。在这 276 年之中，国家基本上是统一的，政局大体是稳定的。按照社会发展的一般规律，人口也应是呈上升的趋势。然而，令人不解的是，明代的户口数字在升平时期却多次莫名奇妙地大幅度下降。当时及后世的一些学者对此现象做过多种解释，但均未能使人信服。本文所论就是笔者在读史过程中对"明代户口之误"所形成的一些看法，总结出来以求教于学界同人。

（一）明代的户口统计

1. 明代的户口统计只计男口而不计女口

洪武十四年（1381），朱元璋在全国进行人口普查，第一次公布全国有户 1065.4 万余，口 5987.3 万余。这是在经过元末连年不断的天灾和大规模战乱之后明朝初期的人口数字。根据史籍记载，这个人口数字是明代及以前朝代人口记载的几个最高数字之一。特别是在立国初期出现这么大的人口数字，实为历代所罕见。尽管如此，笔者仍然认为这是个只统计男口的数字。

宋代以后，程朱理学兴起，妇女的社会地位下降，其社会作用也随之下降。在户口统计中再统计妇女已无任何实际意义，只会增加统计的麻烦。故而宋代时已不统计女口，而只统计男口中成丁的部分，于是才有宋时户均人口两口左右的记载。元朝时，妇女的社会地位继续下降，明时进一步下降。且宋以后，妇女缠足

— 1 —

之风盛行，人们以不缠足为耻，以妇女缠足为有教养的标志。所以，妇女竞相缠足，而缠足之后，妇女进一步脱离了生产劳动。因此，笔者认为，中国的人口统计自宋以后就不再统计妇女了，即只统计男口，或只统计男丁。明代应为统计男口之属。

2.明代记载户口资料之分析

中国封建社会赋役法发展的过程也就是逐渐从全部人口与土地承担转向男丁与土地承担再转向由土地承担赋役的过程。到了明代，赋役制度已与妇女没有任何联系。《明史·食货志》记载："（太祖）即位之初，定赋役法，一以黄册为准。册有丁有田，丁有役，田有租，租曰夏税、曰秋粮，凡二等。夏税无过八月，秋粮无过明年二月。丁曰成丁，曰未成丁，凡二等。民始生，籍其口曰不成丁，年十六曰成丁，成丁而役，六十而免。又有职役优免者。役曰里甲，曰均摇，曰杂泛，凡三等。以户计曰甲役，以丁计曰摇役，上命非时曰杂役，皆有力役，有雇役。府州县验册丁口多寡，事产厚薄，以均适其力。"上文中，"民始生，籍其口曰不成丁，年十六曰成丁"，显然是说明只统计与赋役有关的男口，如果是包括女口则不能说"籍其口曰不成丁，年十六曰成丁"。[①] 明人王世茂在《仕途悬镜》中记载："黄册十年一造，实民生利所关，居官者每以弊端丛积，不易清查，委之吏书，蠹政多矣。须于未造之先，预令里甲，各将该图户丁田地，开报在官，取吊数解黄册旧底，并积年书总及见年人役，隔壁查算。……丁产开报不实者，该甲同罪。"[②]明人徐夏柞在《花当阁丛谈》中亦说："淮以北，土无定亩，以一望为顷，故每多欺隐田粮。江以南，户无实丁，以系产为户，故多脱漏户丁。"[③]从中可知，明政府在造黄册时，特别注意统计成丁人数。

明代也有个别地方，地方官有为调查民情、断官司等而统计全部人口的。不过，这与黄册不同，不是上报用的。这种户口册

---

① 张廷玉，等明史·食货志 2：卷七十八 [M].北京：中华书局，1974.
② 王世茂.仕途悬镜：卷一.
③ 徐复柞.花当阁丛谈：卷一.

叫"烟户册"。史载,"某县为清理烟门事:照得本县分为父母,一邑之民,皆如子弟眷属……督令各好甲,造烟门册一本,以便清查"①。这种统计显然与黄册所统计的范围不同。

明人顾起元在《客座赘语》卷二中说:"上元:洪武初,户三万八千九百有奇,口二十五万三千二百有奇。正德八年,户二万九千一百六十有奇,口一十三万五千八百有奇。万历二年,坊厢户六千一百二十九丁,船居户五百九十八丁,里甲户二万九百九十丁,总计二万七千七百有奇。江宁:洪武二十四年,册户二万七千有奇,口二十二万有奇。成弘以来,册户五千一百一十二,口一万一千二百有奇。正德十年,册户四千二百一十,口九千五百一十,畸零客户九百二,口一千七百三。万历二十年,户三千二百三十九,回回达人户九,口九千二百三十,里甲户一万四千三百四十二,口一万四千四百五十四。总计二县人户丁口,视国初十不逮一。"在这里,有两处可以说明当时人口统计只计男口不计女口。一是两个不同年代的户口数比较,洪武时两县人数加在一起是47万多口,万历时期两县人数加在一起是5万余丁。顾起元说"视国初十不逮一",显然是把这两个数字相比较。如果说前一个数字分不清是否只记载男口的话,而后一个数字则显然只是男口。顾起元作为当时人绝不会拿全部人口数和丁口数去相比较。二是顾起元在提到人口时,有时称丁,有时称口,但从史料记载的内容分析,这都是只记男口,而不包括女口。如文中所记"万历二年,坊厢户六千一百二十九丁,船居户五百九十八丁,里甲户二万九百九十丁……万历二十年,户三千二百三十九,回回达人户九,口九千二百三十,里甲户一万四千三百四十二,口一万四千四百五十四",此文中所用显然是丁口通用。

明人谈迁在《枣林杂俎》中说:"《上海县志》户口备载妇女。洪武二十四年,男子二十七万八千八百七十四,妇女二十五万三千九百二十九。永乐十年,男子十九万九千七百八十一,妇女十

① 谢国桢.明代社会经济史料选编:下册[M].福州:福建人民出版社,1981.

七万八千六百四十七。其数相准。至弘治十五年,男子十七万九千五百二十四,妇女八万一千二百九十七。隆庆六年,男子十五万八千五百三十二,妇女三万四千四百三十五,数不相准,则今醇伪之殊也。按各郡县志户口不载妇女,特录之。《临津县志》载户口分男子成丁,不成丁,妇人大小。"①从上文可知,当时绝大部分县志是不载妇女之数的。这说明黄册的户口数中不包括妇女,如果包括妇女,编志者不会把妇女人数去掉而只记男口。只是极个别的地方在造"烟户册"时统计了妇女的人数,故而录在县志之中。因此,对妇女人数的统计也就不太认真。从《上海县志》所载妇女人数来看,这些数字不像是上报数字。特别是弘治十五年(1502)和隆庆六年(1572)的数字最为明显,如果将此数字上报,不是弄虚作假吗?上海县令恐怕绝不会做此傻事的。这也证明明代的户口统计只计男口而不计女口。

万历时期,张居正推行"一条鞭"法,"一条鞭"法的内容为"总括一州县之赋役,量地计丁,丁粮毕输于官。一岁之役,官为金募。力差,则计工食之费,量为增减,银差,则计其交纳之费,加以增耗。凡额办、派办、京库岁需与存留,供亿诸费,以及土贡方物,悉并为一条,皆计亩征银,折办于官,故谓一条鞭"。②"一条鞭"法不仅与妇女无关,而且将属于丁男承担的一部分赋税摊入田亩。"量地计丁"说明了当时政府统计人口的范围与方法。

天启元年(1621),给事中甄淑言:"辽饷加派,易致不均。盖天下户口有户口之银,人丁有人丁之银,田土有田土之银,有司征收,总曰银额。按银加派,则其数不漏……且小民最苦者,无田之粮,无米之丁,田鬻富室,产去粮存,而犹输丁赋。宜取额丁、额米,而衡而定其数,米若干即带丁若干。买田者,收米便收丁,则县册不失丁额,贫民不致赔累,而有司,亦免通赋之患。"③上文中只提到男丁而未提及女口,黄册所失也只是说失"丁额"。可见黄

---

① 谈迁.冬林杂想·智集.
② 张廷玉,等.明史·食货志2:卷七十八[M].北京:中华书局,1974.
③ 张廷玉,等.明史·食货志2:卷七十八[M].北京:中华书局,1974.

册所记只是男口。甄淑并在文中指出了"失丁额"的原因。

(二)明代人口总数的估计与推算

从现存的资料来看,明朝存在的 276 年间,有 138 个年度的户口数,可以说人口数字记载是比较丰富的。尤其是从 1402 年到 1520 年的百余年间年年有户口记载。① 然而,让人失望的是这些人口数字与明朝的社会经济发展相反,在战乱之后经济凋敝时期人口增多,而在升平时期人口减少。这种奇怪的人口数字记载,使后人迷惑不解。究竟明代人口数字代表着什么呢? 人们作出过多种猜测。笔者认为,这只是明王朝为了摊派赋税摇役而统计的男丁口数。下面对明王朝各个时期人口统计的真实性进行初步的分析:《明太祖洪武实录》卷一百四十记载,洪武十四年(1381),户为 1065.4362 万,口为 5987.3305 万。应该说这个数字是比较接近实际的。为什么呢? 这主要是明初中央的控制力空前强大,特别是朱元璋为清查户口所采取的特殊手段即大军点户,使得户口清查比较彻底。史载:"洪武三年十一月二十六日,钦奉圣旨:说与户部官知道,如今天下太平了也,止只户口不明白哩。教中书省置天下户口的勘合文簿户帐,你户部每家出榜,去教那里有司官,将他所管的应有百姓,都教入官府名字,写着他家人口多少,写得真着。与那百姓一个户帖,上用半印勘合,都取勘来了。我这大军,如今不出征了,都教去各州县里,下着绕地里去点户比勘合,比着的,便是好百姓,比不着的,便拿来做军。比到其间,有司官吏隐瞒了的,将那有司官吏处斩。百姓每自躲避了的,依律要了罪过,拿来做军。钦此。"② 朱元璋自幼生长民间,深知元朝时统计户口的弊端。因此,为了获得全国的真实人口数字,朱元璋是下了决心的。当时全国计有士兵 121.4931 万人(按洪武十四年(1381)全国有 5987.3305 万口计算,平均每 49 人中

---

① 赵文林,谢淑君.中国人口史[M].北京:人民出版社,1984
② 李诩.戒庵漫笔:卷一.

就有一名士兵)。①"大军点户"的结果使得人口统计就比较接近实际,并为明王朝后来编造黄册奠定了基础。因此,一般认为,明朝初期的人口统计是比较可靠的。

永乐以后,其户口统计的真实性逐渐减小,明人王世贞曾说:"国家户口登耗,有绝不可信者。如洪武十四年(1381)天下承元之乱,杀戮流窜,不减隋氏之末,而户尚有一千六十五万四千三百六十二;口五千九百八十七万三千三百五。其后休养生息二十余年,至建文四年(1402)而户一千六十二万六千七百七十九,口五千六百三十万二千二百七十九,何也?其明年为永乐元年(1403)则户一千一百四十一万五千八百二十九,口六千六百五十九万八千三百三十七。夫是时靖难之师,连岁不息,长淮以北,鞠为草莽,而户骤增至七十八万九千五十余,口骤增至一千二十九万七千三百十一,又何也? ……然则有司之造册,与户科户部之稽查,皆仅儿戏耳。"②文中将户口不实说成是官吏不负责任。其实,责任也不完全在官吏,而是在明中央政权的控制力衰弱的情况下,地方官纵然了解实情,也无能为力。

《明史·食货志》记载,"户口之数,增减不一,其可考者,洪武二十六年,天下户一千六十五万二千八百七十,口六千五十四万五千八百十二。弘治四年,户九百十一万三千四百四十六,口五千三百二十八万一千一百五十八。万历六年,户一千六十二万一千四百三十六,口六千六十九万二千八百五十六。太祖当兵资之后,户口极盛。其后承平日久,仅不及焉。靖难兵起,淮以北鞠为茂草,其时民数反增于前。后乃递减,至天顺间为最衰。成、弘继盛,正德以后又减。户口所以减者,周忱谓'或投倚于豪门,或冒匠窜两京,或冒引贾四方,举家舟居,莫可踪迹也'。而要之,户口增减,由于政令张弛。"③此处"户口增减"应该说是国家统计的户口册上的数字增减,而并非真正实际人口的增减。当国家政权的

---

① 孙达人.明朝户口升降实考.文史哲,1980,(2).
② 王世贞.弇州史料后集:卷六十.
③ 张廷玉,等.明史·食货志:卷七十七[M].北京:中华书局,1974.

控制力加强时，户口册上的人口就增加，反之就减少。所以明代永乐以后，国家统计严格时，人口就增加一些，政府控制力衰退时，户口册上的人数就减少。这从另一个侧面也证明政府统计的只是男子的户口，而男子的户口是和国家的赋税摇役联系在一起的。因此，一方是设法摆脱国家户口的控制，而另一方是设法加强对户口的控制。如果是女子户口，就没有必要隐瞒了，因为女子对国家的赋税摇役不承担任何义务。

根据上面的资料，我们认为明太祖时期的人口统计是比较符合实际的，因此在研究中我们就以洪武时期的人口为基点来计算和推测明朝中后期的人口数字。

首先看明代户口统计中的漏口数量。明代中后期户口统计中的漏口现象是非常严重的。据时人记载，"余谓正德以前，百姓十一在官，十九在田……自（嘉靖）四十年来，赋税日增，摇役日重，民命不堪，遂皆迁业。昔人乡官家人亦不甚多，今去农而为乡官家人者已十倍于前矣。昔人官府之人有限，今去农而蚕食于官府者五倍于前矣。昔日逐末之人尚少，今去农而改业为工商者三倍于前矣。昔日原无游手之人，今去农而游手趁食者又十之二三矣。大抵以十分百姓言之，已六七分去农。"[①]农民如果离开了土地，政府就很难再掌握其户口了。故而，这十分之六七的户口流失是必然的。当然，这里说的十分之六七应是指全部人口而言。史籍又载"人口与业相停而养始不病，养不病而后可以责民之驯。今按于籍口六万二千有奇，不丁不籍者奚帝三倍之。而一邑之田仅田十余万亩，富人往往累千至百十等其类而分之，止须数千家，而尽有四十余万之田矣。合计依田而食与依他业别产而食者，仅可令十万人不饥耳。此外则不沾寸土者尚十余万人也。然即今不占于富而并分之土，亦不足矣。"[②]按文中所说，在籍人口为 6.2 万，加上三倍的漏口，即应有人口 2.4 亿人左右。

以上两则资料都说明，明代的漏口当为在籍人口的三倍左

---

① 何良俊.四方斋丛说摘抄.

② 徐渭.徐文长集：卷十八.

右。当然这两则资料都是说明代中后期人口情况的。明朝的大部分时间,户籍上所统计人口在 5000 万至 6000 万之间。明朝中后期以此为基数再加上三倍的漏口,其总人口应在 2 亿至 2 亿 5 千万之间。这比何炳棣在《1368—1953 年中国人口研究》一书中估计的 1600 年中国人口应在 1.2 亿至 2 亿之间和帕肯在《1368—1968 年中国农业发展》一书中估计的 1600 年中国人口应在 1.2 亿到 2 亿之间的数字都要高。[①]

其次看人口与土地之间的关系。在中国封建社会中,农民如果不是因为失去土地或天灾人祸是不会轻易离开家乡的。因此,明中期大批流民的出现,不是因为天灾,也不是因为人祸,实际上是"人口过剩"的一种外在表现而已。我们在研究明代人口时要充分注意到这一点。正如李洵先生所说,明代流民出现的"真正的、根本的,经常起作用的原因,不在灾荒和兵炎,而是当时贵族大地主的占夺农民土地狂潮。小土地所有者或自耕农民的经济地位十分脆弱,一般经受不住灾荒或意外的打击。更无力抗拒贵族大地主对他们的吞噬。"[②]土地兼并激烈其实是人口增长的结果,试问大贵族、大地主兼并土地干什么? 他们兼并之后仍然需要人耕种,而加入流民队伍的农民是在连可佃种之田都没有的情况下才成为流民的。这些流民为了生存到处流浪,最后像洪水般地拥进深山老林。这正是明代人口的持续增长所带来的严重后果。

明人张履祥在《补农书》中说:"吾里地田,上农夫一人,止能治廿亩。故田多者,辄佃人耕植,而收其租。又人稠地密,不易得田,故贫者赁田以耕,亦其势也。"[③]上农夫一人,只能耕田廿亩,而中下农夫还种不了这么多亩。明初耕地就达 800 多万顷,而其后,明朝政府还鼓励农民大力垦荒,耕地只会增加,而不会减少。

---

① 何炳棣.1368—1953 年中国人口研究;帕肯.《1368—1968 年中国农业发展民》,美国坎布里奇大学哈佛出版社,1959.

② 李洵.试论明代的流民问题.社会科学辑刊[J],1980(3).

③ 张履祥.补农书:卷下

明朝中后期土地隐瞒现象越来越严重。故而政府土地册上的耕地也越来越少，但随着耕地面积总数的扩大以及某一时期政府对土地清丈的认真，耕地数字就会上升。且按明初的800万顷耕地计算，要将这些土地全部耕种需要农夫4000万，以每一农夫养活五口之家计算，明朝人口最多时亦应在2亿以上。

综上所述，以明代人口统计只计男口而论，明初在洪武时期，以史籍所记人口再加上同数的妇女，人口亦应在1亿以上。到万历时期，明朝经200年的发展，虽然史书所记人口数字仍与明初大致相等，但根据汉朝、唐朝、宋朝、元朝几个朝代人口由国初人口数达到王朝人口发展高峰的时间和所增长到的人口数来看，明代万历时期的人口较国初翻一番是属于正常人口增长范围之内的。汉初人口约为1400万，到公元2年全国人口数为5959.4978万。如果从公元前206年算起，到公元2年共208年。唐初人口约为1170万，到天宝十四年（755），全国人数为5291.9309万。如果从公元624年算起，到公元755年间共有131年。宋初人口约为2114.9562万，到公元1124年为8853.9307万。如果从公元960年算起，到公元1124年，其间共164年。元初全国人口为7530.6449万（此为公元1290年人口数）。从公元1290—1351年的60年间，元朝国内形势基本上是稳定的，人口不会下降，只能上升。60年翻一番是完全有可能的。如果按60年翻一番算，元末人口应为1.4多亿。经过元末农民战争死亡人数2000万，到明初时应有1.2亿。此正与明初人口所记只载男口吻合。因此，明万历时（公元1600年前后）人口当在2亿以上。人们普遍认为的清代人口激增其实在明代就已经出现，只是由于明末连年不断的天灾和战争才使这种激增暂时停止，以后随着清朝的统治在全国的稳定，激增的趋势又重新出现，并且超越明代，使中国人口数上了新台阶。

二、明清时期大运河上涌动的思想浪潮

研究明清思想史,我们就会发现明清思想与运河是密切联系、不可分割的,大运河连接的不仅是五大水系和 1794 千米的航程,它更是一条虽然看不见却能感觉到无处不在的涌动的思想之河。大运河涉及黄河与长江这两个古代文化、文明的核心地区,连接着燕赵文化、齐鲁文化、吴越文化等中国历史上重要的文化区域,被誉为"古代文化长廊"。运河沿岸的城镇多达两千余座,其中许多是古城、古镇。这些城镇被运河连接在一起,它们之间的联系不仅表现在经济和文化上,更表现在观念和思想上。

(一)大运河与明清社会观念的变迁

京杭大运河跨越今京、津、冀、鲁、苏、浙、豫、皖 6 省 2 市,沟通钱塘江、长江、淮河、黄河、海河五大水系。京杭大运河是一座历史的丰碑,是一曲文化的乐章,是一架思想的桥梁。大运河的开通,为实现杭州与太湖流域、黄河流域,乃至海外各国的联系与交流,架起了江海黄金大通道,极大地促进了整个运河区域自然、生态、生产环境的改善。大运河开通前中国的南北交通非常不便,信息也传播很慢,南北存在不同的思想体系,淮安、镇江、无锡、常州、扬州、苏州、杭州属于南宋以来的朱熹理学思想的重要传播区,临清、德州、聊城、济宁、北京是传统的孔孟思想占主导地位的地区。大运河的开通推动了运河区域社会发展的进程。各地商帮的经营活动将运河区域的农产品、手工业产品等卷入市场流通领域,由此也带来了该区域产业结构的调整、工商业城镇的繁荣、世情民风的变化。明清时期的京杭运河区域是中国东部的一条经济繁荣带、文化兴盛带、城镇隆起带和人才流动带。运河商品经济的繁荣,更直接导致了一批运河城镇的崛起,极大地促进了运河流域农村城镇化的历史进程,变革了旧的社会生产关系,孕育了新的生产关系的萌芽和风格日新的运河都市文化。据不完全统计,明代北京的会馆即有 40 余所,苏州亦有 40 余所,另有公所 120 余处。聊城有山陕、苏州、江西、赣江等 8 大会馆傍河岸而建。天津亦有山西、闽粤、浙江等会馆。① 由此也形成了颇具特色的会馆文化和商邦文化。清代北京的山陕商人会馆多达 71 所,徽商会馆有 36 所。② 由运河开发、畅通而兴起并呈现空前繁荣的重要商业城市如通县、天津、德州、临清、东昌、张秋、济宁、淮安、扬州、杭州等,客商云聚,货物山积,成为沿河地区的一个个经济文化中心,像一串串镶嵌在运河上的明珠。这种全国范围的商品大流通是前所未有的,由此带来了运河区域商品经济的空前繁荣,也促进了运河地区人们思想观念的转变,也就是由北方地区传统的"重农抑末"观念向工商业认识的转变。

明清时期的江西商帮、福建商帮、广州商帮、宁波商帮和龙游商帮都活跃在运河两岸,在进行贸易的同时更是带来了新的思想观念。这些走出家门的商人是各种新思想的传播者和最先接受者。运河上当时的许多城镇是"百物聚处,商贾往来,南北通衢,不分昼夜"③。这一切都极大地刺激和影响着运河沿岸的居民,使之于耳濡目染中发生了思想观念的转变。特别是商贾富豪的富裕生活和旺盛的购买力,使他们由好奇、羡慕,进而仿效,也纷纷做起了各种手艺,在努力满足"商贾云集"之衣、食、住、行需要的同时,从经贸繁荣中赚钱,获得比种田更大的效益。久而久之,人们的思想观念发生了重大转变,弃农进城务工经商成为相当一部分人的追求。同时也使人们的产业观念发生变化,逐步向商品经

---

① 高建军.运河民俗的文化蕴义及其对当代的影响.济宁师专学报.2001:2.

② 王云.明清时期活跃于京杭运河区域的商人商帮.光明日报[N].2009-02-03.

③ (清)胡德琳,等.济宁直隶州志.乾隆五十年 1785 年刻本.

济发展。山东本是孔孟之乡,重农抑商的观念比较浓厚。但是,在商品流通和外地商人商帮的带动与刺激下,山东商帮逐渐崛起,并雄居四方。明代,胶东商人经常到临清贩货,青州、烟台的商人则汇集到济宁参与药材转售。清代,山东商人完全掌控了北京的估衣、饭庄、绸缎等行业;在天津,山东商人多经营绸布、饭馆、茶叶、皮货等行业;在一个小小的盛泽镇上就有济宁商人建起的济宁会馆和金龙四大王庙,所用工匠及砖瓦木料皆从山东老家运来。[①] 运河流域农村城镇化进程加快,有力地促进了城乡旧的生产关系的解体和新的生产关系的萌生。沿河地区商业性农业的发展,为城镇手工业和农业资本主义萌芽创造了极有利的条件,在苏杭的纺织业、济宁的酱园业、临清的砖窑业以及其他城镇的许多手工业中,首先萌生着资本主义性质的雇佣劳动关系,使运河地区在社会变革中走在了时代的前列。士人的价值观念已经异化,王守仁在为苏州昆山商人方麟作的墓志铭中说"古者四民异业而同道,其尽心焉,一也;士以修治,农以具养,工以利器,商以通货,各就其资所近,力之所及者而业焉,以求尽其心,其归要在于有益于生人之道,则一而已"。[②] 王守仁提出的"四民异业同道"的观点是很有新意的,四民平等的观念与儒家的传统观念完全不同,它肯定了商人的社会价值,这应该说是明代社会观念的重大变迁。

(二)大运河与明清南北文化传播和交流

大运河的开通加强了不同地域间的文化交流与融会。运河文化的内涵是指沿运河各自然水系,不同文化区、不同民族、不同社团、不同阶层在运河文化系统的作用下,通过相互交流、相互影响、扬弃融汇,在政治、经济、军事、商业、教育、文化、科技、艺术、

---

① 王守仁.阳明全书(卷二十五).四库备要本.上海:中华书局,民国(1912—1949).

② 王守仁.阳明全书(卷二十五).四库备要本.上海:中华书局,民国(1912—1949),卷25节庵方公墓表.

民俗、哲学、宗教等人类社会的各个领域形成的具有自身特色的文化现象。其表现形式是指由跨流域通航所导致的原流域文化表现形式的改变，以及因原流域文化表现形式改变而产生的各种物质存在形态等。商人在外经商，为了营造良好的贸易环境，往往结交官府士绅，兴办义举善事，参与地方公益活动。这些活动有效地拉近了客商与当地社会的距离，消弭了因不同地域、不同风俗造成的文化隔阂。遍布各地的商人会馆，既是客商的休憩宴飨之所和联乡谊、祀鬼神的精神家园，更是他们结交地方、联络社会的最佳场合。会馆演出等活动也带动了各区域文化的交流，促进了京杭运河区域文化的兴盛。

京杭大运河整体上呈南北走向，形成了一条以运河为主脉，以城镇为龙头，城镇带乡村的区域文化带动现象。以台儿庄为例：运河未开通前，台儿庄是一个远离县城比较偏僻的荒村，这一地区的教育水平非常落后。运河通航后，台儿庄地区办义学、建书院、设塾馆，文化教育水平迅速提高，所培育出的进士、举人、秀才等不胜枚举。至光绪年间，仅知名私塾就有 32 处，加上周边乡村私塾共有 70 余处。外来传教士还建起了明德学堂、皈真学堂、天主学堂、福音小学堂、基督小学堂等 6 处教会学校。教育的发展与文化的传播使台儿庄的文化呈多元化和融合性的特点。书籍是传播文化的工具，在明清时期思想文化传播主要是通过书院和人际间的直接交流来进行。明胡应麟在《少室山房笔丛》中云："今海内书凡聚之地有四：燕市也，金陵也，闾阖也，临安也。闽、楚、滇、黔则余间得其梓，秦、晋、川、洛余时则友其人，旁诹阅历，大概非四方比矣。两都吴越，皆余足迹所历，其贾人世业者，往往识其姓名……"[①]胡应麟所言当时全国书市集中之地有四，即为北京（燕市）、南京（金陵）、苏州（闾阖）、杭州（临安），在这四个城市中，北京、苏州、杭州皆为京杭运河流经的主要城市。明清时代，文化产业的步伐也是紧盯市场的，雕版印刷的内容早已不限

---

① （明）胡应麟. 少室山房笔丛：卷四.

于印制佛教经典与儒道文献，"畅销书"正是在那个时代横空出世，《西游记》《拍案惊奇》《三国志演义》《水浒传》《金瓶梅》等都是"各领风骚"一时的作品。曹雪芹于乾隆间创作的《红楼梦》，初始有抄本流传，乾隆五十六年(1791)程伟元主持印行有高鹗续写四十回的一百二十回本《新镌全部绣像红楼梦》，由北京萃文书屋活字排印，即"程甲本"；过了 70 天后，即乾隆五十七年(1792)萃文书屋又出版了"程乙本"。可是乾隆五十八年(1793)的秋冬之际，从浙江省乍浦港开往日本的船上就载有中国图书 67 种，其中第61 种是《红楼梦》9 部 18 套。这表明这 9 部 18 套《红楼梦》传入日本的时间距"程甲本"出版二年，距"程乙本"出版仅一年。以如此之快的速度从北京而至杭州，转往乍浦港，然后运往日本，正是由浙江的武林(杭州)或湖州书舶从北京批发来后，沿京杭大运河而转递至乍浦外销的。运河沿岸城市印刷业的发达和民间书坊的遍布对明清小说的繁荣也起了推波助澜的作用。[1] 运河把杭州、南京、北京等几大文化中心联为一体，极大地促进了整个运河区域的文化发展，使运河地区成为人才荟萃之地、文风兴盛之区，造就出了昌盛的运河文化带。自宋元以来，运河地区即书院林立。在明代，山东地区有书院 50 余所，清代发展到 75 所。沿运河城市中如天津、淮安等地还最先设立了专供商人子弟就学的"商学"。在学术文化方面，宋代杭州刻书最为精良。明代南京国子监、苏州府、淮安府的刻书业最为繁盛。其他像聊城等地亦有发达的刻书业、印刷业、制笔业等。清代的刻书局则以扬州、江宁、苏州、杭州等最为著名。清代还有常熟瞿氏"铁琴铜剑楼"、杭州丁氏"八千卷楼"、吴兴陆氏"皕宋楼"、聊城杨氏"海源阁"四大私人藏书家。运河地区也是造就人才最重要的地区之一。据清代的统计，通过科举而获取功名的以位于运河区域的江苏、浙江、安徽、直隶、山东五省区最多。有清一代的会元、状元、榜眼、探花

---

① 顾志兴.大运河——书籍流通之河[EB/OL]. http：=//hangzhou. gov. cn/szx/zxtx/2009－02/T280132. shtml,2009－03－09.

和传胪的人数,江苏即有 184 人,浙江有 137 人①,南北文化的交流使地区间的差距缩小,民族文化认同感更趋一致。

(三)大运河与明清新思想的产生与发展

明清思想是围绕运河展开的,是运河的开通使人们的思想冲破程朱理学的束缚萌发出了新的思想,新思想随运河在流动、传播。明清时期运河两岸是中国在那个时代思想最活跃和最有朝气的地区。明清时期的思想家或出生或成长在运河两岸,或在运河两岸地区求学、游历、任职。其思想产生于运河,传播于运河。大运河是明清新思想孕育的土壤。

1. 运河与明代思想从程朱理学到王学的转变

大运河是明清新思想孕育的土壤。先秦以来,各家思想经过长期的争鸣与吸纳,先后形成燕赵文化圈、齐鲁文化圈、荆楚文化圈、吴越文化圈等,大运河就像一条纽带将这些文化珍珠串联起来,使各地域文化之间互相接触、融会、整合,连成恢宏深厚的运河思想文化带。这条思想文化带反映着中国古代社会中华传统文化融会的轨迹,凝聚着中华文明的精髓。中国自汉代以后尊儒学为正统,这一思想体系发展到宋代,进一步吸收佛教和道家思想,形成以"存天理,灭人欲"为主旨的理学。明初是程朱理学的全盛时期,程朱理学被奉为统治思想,独霸学坛。朱元璋对之亦甚推崇,吴元年(1367)设太学,"命存仁(许存仁)为祭酒,一宗朱子之学,令学者非《五经》、孔孟之书不读,非濂、洛、关、闽之学不讲"。② 到了明中期,随着明朝统治者控制力的下降,大运河全线开通带来的经济和文化的发展给新思想的萌发和成长提供了营养和动力。明中叶以后王学兴起,从小就生活在运河河畔的王阳明初始信奉程朱理学,自述在竹林中沉思冥想朱熹格物致知的学

---

① 周祚绍,张熙惟.略论运河文化[EB/OL]. http://www.rwzr.cn/html/yhwh/yhwh/9920070709153800.html,2007-12-12.

② (清)陈鼎.东林列传.卷二.扬州:扬州广陵书社,2007.

说,突然感悟格物之道并非在物而在心,由此转向陆象山"心即理"的学说。认为"良知在人心,无间于圣愚,天下古今之所同也"。这良知即是道德仁义,都出自人心,不用外求,不分古今圣愚,是人人皆有的内在本性,这种学说把陆象山"万物皆备于我"的主观唯心主义推到极端,对长期受儒学禁锢的人心是一种释放,在客观上产生了冲击传统偶像的后果,动摇了人们对孔孟程朱的信仰。尤其是王学所标榜的"良知良能,愚夫愚妇与圣人同"的命题,打破尊卑贤愚不可逾越的界限,倡导在道德面前人人平等,这是中国古代对人的认识的一大提高,不仅使士大夫大开眼界,也受到庶民百姓的欢迎。在程朱理学独霸学坛、人心被长期禁锢之际,"致良知"一出,犹如当空霹雳,振聋发聩,引发了人们对圣贤偶像的怀疑和思考。王阳明晚年全面概括自己的哲学思想为"无善无恶心之体,有善有恶意之动,知善知恶是良知,为善去恶是格物"四句。这四句是王学思想体系的精髓。王阳明的心学是当时明代中期以后商品经济发展和文化发展的必然要求。王阳明"心学"一出,学子蚁聚,风气大开,人心大变,迅速成为当时社会上的一种主流思想。100年后,他的名字传遍大江南北,他的文治武功让人编成传奇顶礼膜拜,他的文集随着运河传遍南北。王学是运河孕育出来的新思想,它随着运河迅速传播和发展。

王阳明死后,他的弟子分裂成七大派,王门七派又分为"左派"和"右派":右派以江右派为代表,也称王学正统派,他们恪守师说,基本保持了王学的基本观点。王学左派以王畿派、王艮的泰州学派为代表。王畿派和泰州学派都是革新派,他们和儒教传统观点有了更大的分裂,都对王学进行了革新和发展,更强调个性解放和思想自由。王艮派更加平民化,李贽是王艮派这一系,李贽的老师就是王艮的儿子。王艮则提出百姓日用即是道,这个思想发展到李贽就更明确为穿衣吃饭,即人伦物理就是道。王阳明的思想发展到李贽,人本主义的特征已经非常突出。"以人为本"并非西方思想家的专利,也是中华传统思想的重要组成部分。

明代中后期的思想界是非常活跃的,应该说是继春秋战国之后又一个思想家辈出的时代。黄宗羲的《明儒学案》将明代学术分为十七家,属于王阳明心学系统的有姚江、浙中、江右、南中、楚中、北方、粤闽、泰州等十家,占全书六十二卷中的二十八卷。因此有人说:"姚江之学,嘉隆以来,几遍天下。"①理学作为明王朝开国的统治思想,发展到明后期孕育了异端思潮,冲破理学的禁锢,涌现一股新鲜气息,造就出破坏自身的反对派。文化变异现象的出现,往往是社会面临变革的先驱,王学的兴起和迅速传播为启蒙思潮的喷涌打开了渠道,是明代社会政治、经济和文化的发展在思想领域必然的反映。

2.运河与明代中后期王学的演变和实学的兴起

实学思潮的兴起,是针对明后期思想学术界王学末流谈空说玄、禅化误国的学风应运而生的,是明代中后期运河上孕育出来的一种新的社会思潮,是明朝后期和王学并存而又不同的两种思想。万历中期以后,明朝"天崩地陷",危机深重。地主阶级革新派和新兴市民阶层这两股势力的汇合,构成了实学思潮兴起的主要社会基础。一批进步思想家充分意识到学术沦于虚空、脱离实际导致误国,他们倡导"实学",发扬儒家经世致用的优良传统,从事实事、实政,"贵实行",力主改革弊政,提倡"有用之学"。产生和成长于运河河畔的东林学派正是这一特定历史条件之下的产物。东林学派从一开始就与皇帝、宦官、权贵、豪绅势力相对立。他们从"济世""救民"的"实念""实事"的观点出发,对朝政的腐败进行猛烈的抨击和斗争,并在经济、政治、学术、文化等方面,提出了一系列革新的思想和主张,并吸引了在朝的部分正直官吏加入,形成了朝野呼应、南北相连的浩大声势,从而推动了实学思潮的兴起。以顾宪成、高攀龙为首的东林学派把王学末流的空谈心性而不务实学,看成是"以学术杀天下",把能否治国平天下作为

---

① (清)汤斌.《答陆稼书书》.《汤子遗书》(卷五).四库全书本.

衡量学问是否有用的尺度。高攀龙还提出了"学问通不得百姓日用，便不是学问"①的观点，他的"格物草木"之说，既反对王学的"格物"即"格心"，也不赞同朱学的把"至善"作为"格物穷理"的主要对象。东林学派还严厉批评"良知"学说，反对王学末流的"空言之弊"，而"贵实行"，重视"躬行"，提倡做学问要"参求""理会""判明""印证""体验"，要"讲""习"结合并进行"印证"。实学的这些主张是在明后期社会矛盾不断激化的状况下忧国忧民的进步知识分子的一种本能反应和要求。② 王阳明的心学虽能实现心灵的净化，却难以解除明朝后期面临的各种社会危机。从实质上讲实学的兴起是当时社会现实的一种需要，但它并不影响王阳明心学思想的进步性。王阳明的心学思想在明中叶以后传到日本成为显学，影响到后来明治维新时期的日本思想界，对日本的革新运动起到了一定的积极作用。日本的维新学者以王阳明心学作为解放思想的武器，推动了明治维新的实现，瓦解了日本封建体制，开启了日本社会通向近代化的大门，为日本实现资本主义奠定了基础。我国近代著名学者梁启超也说："日本维新之治，心学之为用也。"章太炎说："日本维新，亦由王学为其先导。"③明朝后期兴起的实学思潮虽然在思想界造成一定的影响，但受历史条件的限制，和心学一样也未能发挥应有的作用，未能挽救明王朝灭亡的命运。

3.运河与清初王学的遭禁和清代实学的变异

自秦以来，中国历史上的思想家明朝要占据一半还多。当时反传统的异端思想家李贽活到了 70 岁，李贽异端思想的书籍在当时能够成为畅销书，这在以前的任何朝代都是不可想象的。明朝党争之所以如此剧烈，和明朝的思想活跃也是分不开的，而反过来思想的活跃和党争的激烈又促使更为先进更为激烈的思想

---

① （明）高攀龙.高子遗书.东林会语.卷五.无锡刻本.
② 白寿彝.中国通史[M].上海：上海人民出版社，2004.475－476.
③ 章太炎.答铁铮.民报 14，1907.

的出现。李时珍、徐光启、徐霞客、吴承恩等科学家和大作家能接连涌现出来的事实本身就能说明问题，因此可以说明代是中国封建社会后期思想最开放、最进步的时代，但这种开放到了清朝便戛然而止。

有清一代思想，初期为程朱陆王之争，次期为汉宋之争，末期为新旧之争。真正扑灭启蒙思潮的是清王朝重建的封建专制统治。清初定鼎以后，就抬出程朱理学，贬斥王学，实施文化专制，清代的大运河上不再有自由的天空。清朝统一全国后，为彻底消灭汉人反清意识，大兴文字狱，制定律例发布到全国各地，所禁止的内容从淫词琐语到非圣非经之作，凡是毁谤圣贤、非议朝政、不利当朝的作品一概禁毁。康熙诏谕礼部说："朕治天下以人心风俗为本，欲正人心，厚风俗，必崇尚经学，而严绝非圣之书，此不易之理也。"雍正杀年羹尧的借口之一是，进献的贺表"朝乾夕惕，励精图治"，误写成"夕阳朝乾"，认为这是对皇上的大不敬，还牵连到一大批文人学士。乾隆年间文字狱扩大到市井文学，《水浒传》《酌中志》《南迁录》《豫亦经略》《樵史演义》等统统被销毁，清廷规定有敢私藏者，按谋逆大罪处死。在这样的高压政策下，明中期以来活跃在运河上的追新求异甚至是离经叛道的启蒙思潮也就此烟散云消，偃旗息鼓，胎死腹中。① 作为明末清初中国历史上一位有重要影响的思想家王夫之只有选择僻居荒野发愤著书，但其全部著作生前都未刊布。他死后，由其子选刻的 10 余种著作也流传甚少。直到鸦片战争后，中国进步思想家为寻求民族自救的思想武器，王夫之著作才被重视起来，被汇编为《船山遗书》。生长于运河河畔的黄宗羲是浙东学派的创始人，作为一位彪炳史册的历史文化巨人，明清之际的这位伟大学者涉及哲学、史学、天文、地理、历法、数算、音律等，史书称"大者羽翼经传，细逮九流百世，靡不通贯"。据他本人在晚年的自述，清廷尝"悬书购余者二。名捕者一，守围城者一，以谋反告讦者二、三，绝气沙墠者一昼夜，

---

① 刘志琴.明清之际文化近代化的萌芽与夭折.中国文化,2007 年秋季号(25、26).

其他连染逻哨之所及,无岁无之,可谓濒于十死者矣"。显然,回首这段跌宕起伏、充满传奇的生活,他自己也不禁一吁三叹。① 其代表作《明夷待访录》在乾隆年间入禁书类,到光绪时流行的多是私印本,直到清末维新运动时才发挥了它的作用。清代古韵学的开山祖顾炎武在清政权的文化高压政策下"退而修经典之业","穷经以待后王"。他编著了《音学五书》和《日知录》两书,开启了清代乾嘉学派注重音韵训诂学风的先河,有清一代文人学者沿着顾炎武等人的足迹在古迹整理中发奋作为,在乾嘉时期盛行朴实考据之学风,考据学成为当时最主要的学术派别。明朝和明末清初时形成的心学、实学以及李贽的异端思想成果随着清朝文字狱范围的不断扩大都深深地淹没在滔滔运河之中。明清两朝中国思想界的起伏跌落成为中国历史发展的一个缩影,也给我们留下了许多启示和思考。

---

① 曹国庆.旷世大儒——黄宗羲[M].石家庄:河北人民出版社.2000:2-3.

三、明代的商业文化及其影响

(一)明代商业文化形成的历史背景

明朝建立初期,国内社会经济被元朝统治者破坏得凋敝不堪,又经过元末 20 多年的战争,已变得人口减少、田地荒芜。如原来繁华的济南现在已是"近城之地多荒芜"。① 中原地区也多是"草莽,人民稀少"。(《明太祖实录》卷三七)南方郡县如常德武陵等十县,"人民逃散……土旷人稀,耕种者少,荒芜者多"②。

为了迅速恢复和发展生产,保证国家的财政收入,巩固新生政权,朱元璋十分重视农业生产,并实行了一系列"重农务本"的政策,第一,释放奴婢和限制民人出家为僧。明初,政府为了掌握更多的劳动力,以有利于农业生产的恢复和发展,便下令释放奴隶。洪武五年(1372)五月下诏:"囊者兵乱,人民流散,因而为奴者即日放还,复为民。"③另外,明初政府从财政收入和农业生产着眼,考虑到"一人为僧,则一夫不耕。"④所以,"民二十以上,不许为僧"。⑤ 这种限制政策使明初僧道的人数比元朝大为减少,农业生产人口相应增加,有利于农业生产的恢复和发展。第二,明初,政府鼓励垦荒和推广经济作物的种植。洪武元年(1368)八月诏:"各处荒闲田地,许令诸人开垦,永为己业,与免杂泛差役;三年

---

① 明太祖实录:卷五三.
② 明太祖实录:卷二五.
③ 明太祖实录:卷七三.
④ 余继登.典故纪闻:卷一二.
⑤ 明谈迁.国権:卷八.

后,并依民田起科租税。"① 朱元璋对经济作物的种植和推广非常重视,当时的经济作物主要有桑、麻、木棉、枣、柿、栗和胡桃等,他在颁布的《教民榜文》中说:百姓"各宜用心生理,以足衣食,如法栽种桑、麻、木棉、枣、柿……每岁养蚕,所得丝绵,可供衣服;枣、柿,丰年可以卖钞,俭年可当粮食。"② 第三,兴修水利,抗旱防涝。水利事业的兴废,直接影响农业生产的恢复和发展。洪武二十六年(1393),责成地方官"务要时常整理疏浚"各处闸坝陂池,以利农田引水灌溉。③ 经过明初几十年的发展,明初停滞的社会经济得到了较快的恢复,为明代中后期商业的发展和繁荣打下了良好的基础。

明初社会经济的恢复和发展为明代前期商业的发展创造了条件,但在当时的情况下,明初商业经济的发展是极其有限的。到了明朝中叶,生产力进一步向前发展,在农业生产领域,首先是自耕农经济的复苏。成化以后,明朝政府允许流民就地附籍当差,"各自占旷土……开垦为永业。"④ 这样就有相当数量的流民变成了自耕农。自耕农在社会逐渐安定的历史条件下,又经过赋役制度的改革,赋役负担较以前合理些,可以发挥其生产的主动性,他们勤劳耕耘,提高产量,使经济生活有所好转。

明朝中期,玉米、甘薯、烟草等经济作物传入,万历前后相继引进我国。如甘薯不仅产量高,而且适应性强,很快就在中国北方普及,并成为当时中国农民的主要食物之一。⑤ 玉米大概是在嘉靖年间由贡使从海外带进,在沿海各省栽培,明末传至河北、山东、河南、陕西、云南等十几个省份。烟叶是万历年间由吕宋引进闽广,以作为御寒避邪的药物用,价值昂贵,在北方"以马一匹,易

---

① 明典章.第一册洪武元年八月十一日诏.

② 古今图书集成·经济汇编·食货典:第三七卷.农桑部艺文二,明太祖《教民榜文》.

③ (明)徐学聚.国朝典汇:卷一九一.工部六,水利.

④ 李龙潜.明清经济史.196.

⑤ 农政全书:卷二七树艺《闽小纪》卷下.

烟一斤"。① 后因其叶吸之有烟,起了兴奋剂作用,吸的人多了,才在江西等地种植开来。这一时期引进的农作物还有土豆等。这些作物的推广,不仅使我国农作物的结构产生了新的变化,而且对于山地的开发和利用起了很大的作用。

明中期,在手工业领域,生产力也有明显的发展,生产工具比以前有所改进。在棉织业,明初袭用元代的无足木棉揽车,扎棉时需要"二人掉轴,一人喂上棉英"。② 万历以后,改为四足脚踏揽车,利用脚踏辗轴的办法,减少人力,能使一人完成三人的扎棉操作,生产效率比过去提高了三四倍。③ 这时的手工业更多采用机械装置,利用畜力、水利等为动力进行生产。如南方的制糖业中,使用了木制的两辊式机械压榨机,称为"糖车"。用牛作动力,带动两辊转动,把蔗汁压榨出来。④ 现在的糖车也基本上采用这种原理,只是增加了电力而已。在福建浙江地区利用水碓以制纸。⑤这些装置的使用,提高了劳动生产率,对生产的发展有较大的推动作用。

随着明中叶农业、手工业的发展,社会分工进一步扩大,商品经济继续向前发展。列宁说:"社会分工是商品经济的基础。"⑥商品经济的发展,又表现为社会分工的扩大,如江西铅山的造纸业,万历二十八年(1600)仅石塘镇一地"纸厂槽户不下三十余槽,各槽帮工不下一二千人。"⑦随着商业的发展,一批又一批的商人发展成为小富、中富、大富。这些人因商业而富,商人凭借着手中的财富而雄居于社会生活的上层,这不能不使人们原来的价值观念、道德追求受到极大的冲击。原来女子从事的织布纺纱,男人

---

① 王逋.蚓庵琐语·种植.

② (元)王桢《农书》卷二一

③ 李龙潜《明清经济史》,202页

④ 《天工开物》卷六《造糖》

⑤ (明)王世懋《闽部疏》《浙江通志》卷一零六物产,引嘉靖《安吉州志》

⑥ 《列宁全集》第三卷,人民出版社,1984年,17页

⑦ 康熙《上饶县志》卷一零《要害志》

也开始加入。万历年间松江城东的鞋店和蒲鞋店有男人专业做鞋。① 这是自古以来少有的事，说明在商品经济的冲击下，人们的思想认识开始发生变化。

明朝中后期，随着商业资本的发展，出现了许多以地域或家族而组成的商人集团。从商业形态上分，有行商和坐商；从地域上分，有徽州商、洞庭商、江右商、山西商、闽商、广商等。他们贸易的商品主要是与民生日用品有关的生产资料和生活资料，如米、茶、棉、糖、铜、铁器等产品。他们利用地域差价，从中谋取了大量利润，从而积累了大量的货币，为中国古代商品生产和商品经济的进一步发展创造了必备的条件。明代中后期商业经营中垄断组织的形成，正反映了明代商业激烈竞争的状况。随着明代商业的繁荣和发展，明代的商业文化也开始出现和形成。

(二)明代的商业文化

马克思主义认为，文化不仅是人的活动的产物，而且是人的生产劳动的产物，劳动是理解文化本质的关键。从这个意义上来说，文化就是人的本质的对象化及其对象化的全部成果，文化的发展就是人的本质和人的本质的对象化发展。

由此，商业文化就是指在商业不断发展进程中的商品流通领域里，各行各业、各个环节、各类商品所发生、创立、反应、传播、发展的具有商业特色的文化现象。它是商品流通领域中人的本质的对象化及其对象化的全部成果。

1.明代的商业品牌文化

在中国古代的商业发展中，名牌产品有传至几十年到几百年不等的现象。一个名牌产品的形成，本身就需要相当长的时间，这是由中国古代的各方面条件所限制而形成的，不像今天有现代化的传播媒介，古代名牌产品的形成，都是靠质量和信誉在消费

---

① 明范濂《云间据目抄》卷二《纪风俗》

者中慢慢形成的。一旦一个名牌产品形成,对同一行业的发展都会产生较大的影响。名牌产品名称的功能在于减少消费者选择产品时所需花费的分析商品的心力。选择知名品牌无疑是一种省时、可靠又不冒险的决定。

明代苏州的名牌产品有齐门的粗扇骨、虎丘的席、齐门外陆墓的麻手巾、半塘的斑竹器等,经过几十年甚至更长时间的发展,都在消费者中建立了自己的品牌形象。在纺织品中,据万历《镇江府志》卷三十《物产志》记载:"今独葛布甲于天下。"天启年间《平湖县志》载:"灵溪水秀沙明,产细布,人争市之。""苏布名称四方,习是业者,在阊门外上下塘,谓之字号,漂布、染布、看布、行布各有其人,一字号常数十家,赖以举火。"[1]这些字号实际就是名家布店的品牌。当时有"买不尽松江布,收不尽魏塘纱"[2]之谚语,这说明松江布的品牌在全国已经形成。史载:"郊西尤墩布轻细洁白,市肆取以造袜,诸商收鬻称于四方,号尤墩暑袜,妇女不能织者,多受市值,为之缝纫焉。"[3]从史载中可知,尤墩布制造的尤墩暑袜应该说是一个名牌产品,以其轻细洁白和精细的做工畅销四方。

在医药界,松江有林氏者,"以卖生药起家,至今人呼为林生药"。[4]"林生药"这个双重的称谓实际上就是人们对其药的性能和信誉的一种认可。

关于人们日常生活中最常用的鞋,史载:"万历以来,始有男人制鞋,后渐精俏俊美,遂广设诸肆于郡治东。……宕石蒲鞋,自宜兴史姓客于松,以黄草结宕口鞋甚精……谓之史大蒲鞋。此后宜兴业履者,率以五六人为群,列肆郡中,几百余家。……"[5]史大蒲鞋可谓是名牌鞋,从而形成了较大的生产规模,并以此为基础,

---

① 乾隆《长洲县志》卷十《风俗》
② 万历《嘉善县志》据《浙江通志》卷一百二物产二转引
③ 《古今图书集成·职方典》第六百九十六,《松江府部》
④ (明)范濂《云间据目抄》卷五
⑤ (明)范濂《云间据目抄》卷二《纪风俗》

带动了整个宜兴制鞋业的发展。

人们日常生活饮用的酒,以"华亭熟酒甲于他郡,间用煮酒、金华酒。隆庆时有苏人胡沙汀者,携三白酒,客于松,颇为缙绅所尚,故苏酒始得名。年来小民之家,皆尚三白,而三白,又尚梅花者、兰花者,郡中始有苏州酒店,且兼卖惠山泉,自是金华酒与戈阳戏称两厌矣。"①在明代小说《金瓶梅》中关于酒的场合,多次提到金华酒和三白酒,可见,这两种酒都曾是当时流行一时的名酒。

明代的北京专擅一个名牌的有:勾栏胡同、何关门家布、前门桥陈内官家首饰、双塔寺李家冠帽、东江米巷党家鞋、大栅栏宋家靴、帝王庙刁家药丸等。

在明代运往海外的商品中,较有名气的产品有:泉州的清瓷、景德镇的瓷器和处州的窑产。漳泉、兴化的糖,福建的糖,日本、吕宋各地素食用中国的糖。……②

当时知名全国的商品很多,上述只是简单地举几个例子,这些都是国内知名的产品或国内某一区域知名的产品,也有在国际上知名的产品。

2. 明人商品意识的提高

明朝人的商品意识,相比较前朝有明显的提高。在明代中后期,从皇帝(主要是正德皇帝)、宦官、大臣、军队、百姓都积极参与商业活动,这是与前代有所不同的。在中国封建社会,经商一向为士人所不齿,北宋时商人也自觉把自己列于士、农、工之下,如湘潭县商人李迁就说过:"士非我匹,若工农则吾等也。(农与工)所食皆不过其劳,今我则不然。……用力至逸以安,而得则过之。我有惭于彼焉。"③明中期以后,随着商品经济的发展,这一传统观念遭到猛烈冲击,反映在思想领域,这种冲击之一就是对"重本抑末"思想更大程度上的否定。王献之《弘号南山行状》中说:"士商

---

① 方孔炤《全边略记》卷二《纪风俗》

② 傅衣凌.《明清时代商人及商业资本》.北京:人民出版社,1956,156 页

③ 欧阳修《欧阳文忠公集》卷六三

异术而同志。"明代的楚王宗室"错布市廛,经纪贸易与市民无异"。①

明代的思想家丘浚提出了"民自为市"的主张,认为个人不可能完全拥有日常生活所需要的一切物品,因而,必须"以其所有,易其所无"②,进行商品交换。改革家张居正提出了"资商利农"的主张。他说:"商通有无,农力本穑。商不得通有无以利农,则农疾;农不得力本穑以资商,则商病。"又言:"欲物力不屈,则莫若省征发以厚农而资商;欲民用不困,则莫若轻关市以厚商而利农。"③

思想家李贽认为"商贾不鄙",他认为势利之心是人的自然禀赋,是人的天性,因而,一切满足势利之心的产业,包括商业活动都是合乎人性的,所以就不应厚此薄彼,对其中一些活动加以抑制。

明后期思想家黄宗羲提出"工商皆本"论,即工业和商业都是本业,"今夫通都之市肆,十室而九,有为佛而货者,有为巫而货者,有为优倡而货者,有为奇技淫巧而货者,皆不切于民用,一概痛绝之,亦庶乎救弊之一端也。此古圣王崇本抑末之道,世儒不察,以工商为末,妄议抑之。夫工固圣王之所欲求,商又使其愿出于途者,盖皆本也"。④ 明代的思想家对商业的认识不断深化,他们从各个角度论证了商业的合理性,这无疑是当时商品经济的发达在人们思想领域的反映,也是明人商品意识的提高。

3.商品文化的发展

随着商业的发展,人们对商品的要求不再是满足基本需要,而且要求商品文化的提高。江南园林的出现,就是一个典型的商品文化的代表。如松江的朱文石不惜"用冬米百石买河柘湖峰石

---

① 包汝楫《南中纪闻》
② 《大学衍义补·市籴之令》卷二十五
③ 《张太岳集·赠水部周汉浦榷竣还朝序》卷三
④ 黄宗羲《明夷待访录》

一座,名青锦屏,四面玲珑……移置文园,特建青锦亭玩之。"①到了明代,区区纸扇,"皆尚金扇"②,时人称"今日本国所用乌木柄泥金面颇精丽,亦本朝始通中华,此其贡物中之一也"。制扇名手,"近年则有沈少楼……价遂至一金。"

当时,市场上对花卉的需求量越来越大,在北京,工匠在地窖温室中培养出四季鲜花,以满足市场的需要。两广的奇花异草,也传到北京,如蛱蝶菊、红水仙、番兰、番柿等。时人有诗云:"异卉传来自粤中,内官宣索种离宫。春风香艳知多少,一树番兰分外红。"③典型地反映了明朝上层人士商品消费中对商品文化高层次的追求。

从饮食文化也可以看到商品文化的发展,《金瓶梅》中宴请最高贵的客人叫"吃看大桌面",是指可观赏又可食用的豪华酒席,据说供观赏的有"泥塑人物、彩绢装成的山水故事,列于筵上,以示华美而已"。④

在纺织方面,"近时松江能染青花布,宛如一轴院画,或芦雁花草尤妙。此出于海外倭国,而吴人巧而效之"。⑤ "东粤之棉布,良楛不一,最美者白氎……其布细腻精密,皑如雪,轻如茧纸。幅广至四五尺,吉终为之。其织为巾者,两头组织方胜葳蕤及诸物象"。⑥

在瓷器方面,"永乐、宣德间,内府烧造,迄今为贵。以苏麻离青为饰,以鲜红为宝。至成化间,所烧尚五色炫烂,然而回青未有也。回青者,出外国,正德间,大珰镇云南得之,以烧石为伪宝,其价初倍黄金。……"⑦明人在商品文化的欣赏方面,已达到了相当高的水平。

---

① 李绍文《云间杂识》卷二
② 阮葵生《茶余客话》卷八
③ 《明宫调》余怀《东山谈苑》秦兰证
④ (明)兰陵笑笑生.《金瓶梅》
⑤ 孙斋《静垒至正直记》卷一
⑥ (明)屈大均《广东新语》卷十五
⑦ (明)王世懋《窥天外乘》,摘自《明代社会经济史料选编》

商品文化的发展，提高了商品的适应能力和观赏能力，使商品在从低层次即满足人们日常生活需要方面向高层次即观赏商品艺术方面迈进一大步，如明代的许多瓷器在当时其价值就已远远超过其实际运用的价值，并成为我国文化遗产的重要组成部分。其饮食文化也对我们今天的文化产生着深远的影响，在中国古代商品文化的发展中，明代是一个重要阶段。

4.明代的商业宣传

明代的商业宣传是明代商业文化的重要组成部分。明代商人非常注重对商品的宣传，明代的商业宣传，形式是多种多样的，最基本的就是小贩的吆喝等。当时人小说中曾描写苏州阊门外吊桥河下一个卖老鼠药者，地上摆着三四十个老鼠招头，口里唠唠叨叨高声大叫："赛狸猫，老鼠药。大的吃了跳三跳，小的闻闻儿就跌倒。"①也有的商店利用特殊启示招徕顾客，小说中曾描写杭州附近塘栖镇上一家铁店门前，"贴一张大字道：本店不打一概屠宰刀器"。② 人心向善，一望便知店主是菩萨心肠，所售铁器自然是货真价实，这不失为古代商品心理学的一个例证。明代大的店铺开张时，礼仪很隆重、热闹，张鼓乐、结彩缯、横匾连楹，如此大造声势，目的之一就是扩大店家影响，推销商品。《金瓶梅》第六十回描写西门庆的绸铺开张那天，摆了十五桌酒席招待来宾，吹拉弹唱，鼓乐，同时喧天，同时柜台上又卖货物，结果当日"伙计攒帐，就卖了五百两银子"。可见商业宣传对商业的影响之大。

招牌广告在宋代就很流行，从《清明上河图》中就可见到当时形式各异的商店招牌。到了明代，招牌广告无论从形式或是内容上看，都更趋成熟。宋代以前的招牌仅仅是作为店铺的标志而已，似乎没有别的意义。而明代的广告招牌则以注重儒家以义取利的思想为主导，固而在商业活动中表现为讲究商业道德和商店信誉。此时的招牌文字已不再是以单调的姓氏或街坊的名字作

---

① 《生绡剪》第一一回
② 《生绡剪》第一三回

为招牌的字号,而是赋予招牌文字以言简意赅的内容,在招牌内容上采用与商店有关的历史故事为主题,如开业于明朝嘉靖九年(1530)的北京"六必居"酱菜园生产的酱菜驰名中外,是国内的一大特产,"六必居"的牌子出自明朝宰相严嵩之手。据说是其府中一位聪明的丫头采用妙计,在无意中让严嵩写下来的,店主如获至宝,立即做成牌匾挂出,大肆宣传,使酱菜园的买卖更加兴隆。

中国古代商人对招牌字号非常重视,招牌一旦树起来,就有中国封建社会法统的价值,同时也是商人物质财富和精神财富的象征,是传家之宝,他们会全力保护和珍惜招牌的信誉。因此,对招牌在形式与制作上也非常讲究,除了取名生动贴切外,还不惜以重金聘请名家来为商店字号书写招牌广告。那些高超而精湛的书法艺术,不仅是上乘的广告,而且也是书法艺术的珍品。

对联广告也是反映中国民族风格的一种文字广告形式。明中期以后,文人儒士逐步冲破传统经商观念的影响,以他们的文字专长涉足于广告领域,成为商业广告的一种宣传形式,并在当时的对联中赋予了商业性内容。相传明太祖是第一个撰写对联广告的人,他为一户不识字的阄猪人家写下一副对联:"双手劈开生死路,一刀割断是非根。"此联幽默、风趣,形象生动,更主要的是替阄猪者作了广告宣传,是一副具有浓郁行业特点的广告对联。明代的文人画家常为店家题联,明代杰出的书法家唐伯虎不仅精通书画,而且还写得一手好对联,他曾为一家新开张的商店挥笔写下:"生意如春草,财源似水泉。"此联贴在店前,见者无不称赞,观联购物者络绎不绝。明朝弘治年间,杭州西湖边上有一家父女俩开的酒店,因经营不善,生意萧条,父女俩整日愁苦度日。这年春天,著名书法家祝枝山游西湖归来,进店饮酒后问其缘由,便奋笔写下一副对联:"东不管西不管,我管酒管;兴也罢衰也罢,请罢喝罢。"这醋满墨饱的两行大字,轰动了远近城乡,每天观者不断,从此酒店生意兴隆。①

---

① 王伯敏.《中国版画史》

5.明代的商业语言

明代的商业语言不仅多彩,而且有的已经相当精练。《生绡剪》第二十回:"修士拿了银子,出门去买些蔬菜,正是:柴米油盐酱醋茶,大小开门用着他。世间劳碌无休歇,谁能七件免波查。"在人们的日常生活中商业语言被广泛运用。如"酒色财气"一词,汉代已有"酒、色、财"的说法,但直到宋代才出现"酒、色、财、气"四字并联。① 到了明代这四字并联已成为人们的家常话。《金瓶梅》开卷即言:"酒损精神破丧家,言语无休闹喧哗。是非恩怨皆因它,今后逢客只待茶。"

明代商业行业间的语言也丰富多彩。田汝成谓:"乃今三百六十行,各有市语,不相通用,仓促聆之,竟不知为何等语也。有曰四平市语者,以一为忆多娇,二为耳边风,三为散秋香,四为思乡马,五为误佳期,六为柳摇金,七为砌花台,八为霸陵桥,九为救情郎,十为舍利子,小为消黎花,大为朵朵云,老为落梅风。"②行话的目的是不让外人听懂,便于内部交流。《豆棚闲话》第十则就曾写一个叫强舍的苏州汉,对山西人马才"连篇地打起洞庭市语,叽哩咕噜,好似新来营头朋友打番话的一般,弄得马才两眼瞪天,不知什么来历"。本来想从马才身上捞一把,不想被人揭穿。还有的中药商人将中药的名字全改了,称陈皮为恋绨袍,黄连为苦相思,大黄为洗肠居士,泽泻为川破腹,远志为觅封侯,牡丹皮为兵变黄袍,甘草为药百喈,甘菊为醉渊明,人参为草曾子。用这些代替语言的目的,就是不让行外人了解实情。③ 有的地名也被改变称呼,如陕西曰豹、河南曰驴、江南曰蟹、福建曰癫、四川曰鼠。④ 从《江湖切要》的记载来看,凡天文、地理、时令、官职都有黑话。商业用黑话也不少,如市人称井通,贩子称不将人,典铺称兴朝

---

① 佚名《东南纪闻》卷一
② 《西湖游览志余》第二五卷
③ 《生绡剪》第九回,势利先生三落巧朴诚乡保倍酬恩
④ 《坚瓠集》乙集卷一,丁集卷二

31

阳,杂货店称推恳朝阳,茶称青老,白酒称水山,粥称稀汉,牛肉称春流,金称黄琴,银称硬底,买假货称跳符恳,真货称实赞,真钞称热子,假钞称将肯,没生意称念搿,如此等等,不一而足。这些江湖黑话是商业文化的糟粕部分,不知坑害了多少正直善良的人们。

(三)明代商业文化的历史作用

1.明代商业文化促进明代教育及文化事业的发展

商业的发展曾冲击了文化教育的发展,"求利"风气使众多的人弃农、弃工、弃儒,这无疑对文化的发展造成极大的破坏。河北宝抵小镇林亭过去曾经"家弦户诵,大约有专馆延师教读者十数家,即附近村庄,多习儒业,故入校庠,食禀饩,充成均者,概不乏人。七十年来,渐式微矣"。① 当时吴下有谚"穷不读书,富不教学"。② 但有文化的人经商致富后往往会把资金投入文化教育行业。在官本位的中国封建社会中,为提高家族的地位,从商入儒是绝大多数人的选择。譬如有一个商人得知其弟中举时,便"召诸不能与息者,取其券而焚之"。③

商业资本并不仅仅在于资助单个人业儒中考,有的商人进一步投资府州县学,有的则设置社学、义塾、书院。一般说来,在商业发达、商人集中的地区,学校文化设施也比较发达,如晋江安海出现黄居中、黄虞稷父子的"千顷堂",藏书最多时达 8 万余卷,藏书的丰富自然为薰育人才提供了优良的条件。郑成功、黄虞稷、王慎中等皆闻名全国。再从明代开科取士的数字看,有明一代,安海中进士 33 人,中武进士 4 人,中举人 18 人,中武举人 25 人,

---

① 李光庭《乡言解颐》卷三《人部》
② 王有光《吴下谚联》卷二
③ 李维桢《太泌山房集》卷九四

仅万历四十一年(1613)一科,安海就中了 5 名。① 浙江南浔是一个商业繁荣的集镇,"前明中叶,科第极盛,有'九里三阁老,十里两尚书'之谚"。② 在安徽徽州,商人"以诗书训子弟",从而"子孙取高科登显仕者"代不乏人,在佛山,宗族内对获得科第者给予诸多奖励,商贾"供子弟读书"被列为一善。③

明朝时期城市文化事业的发展如诗社、画社、学派、市民文学的发展都不同程度得到商人资本的滋养。东林党领袖顾宪成之父是商贾,缪昌奇之父为牙人,庞尚鹏的先人是负贩,科举成名的茅鹿门家人"贾商为业",李贽、郑成功为海商之后代,唐伯虎"家起屠贾",彰德太守亚芥舟"奋起于货殖之中而登科第,仕至两千石",大商人李三才官至户部尚书。未得功名的商人或是"喜交士大夫以为干进之阶",或是以财货吸引"士大夫多与之游"④,徽商黄莹商于湖州双林,"凡浙之名流达士,骚人墨客,皆与交往来"。⑤附庸风雅一时成为商人的时尚,连大商人沈万三也会做诗为文。寺田隆信也说:"正是由于山西商人和新安商人在财力上的支持,扬州才在文化上取得了辉煌的成就。"商人与儒士的结合有效地克服了二者各自的弱点,自然推动了文化的发展。明清时期市民文学大为发展,直观或曲折地反映了当时社会生活的生动画面,有的甚至真切地反映了商人的心声。正如马克思所说:"商人资本的发展就它本身来说,还不足以促成和说明一个生产方式到另一个生产方式的过渡。"⑥

---

① 参阅蔡尔鸿《明代安海文化繁荣和经济发展的关系》载《安海港史研究》,福建教育出版社,1989 年

② 参阅樊树志《南浔:明清市镇的微观分析》见《平淮学刊》(4)

③ 参阅蒋祖缘《清代佛山的商业和商人》载《明清广东社会经济研究》广东人民出版社,1987 年版

④ 《休宁率东程氏家谱》卷四

⑤ 《马克思恩格斯全集》第二十五卷,第 36 页

⑥ 沈垚《落帆楼文集》卷二四

2.明代商业文化促进了明代商人素质的提高

在明代,许多读书人加入商人行列,出现了"其业则商贾也,其人则豪杰也"的现象。这些读书人是带着传统的儒家气息步入商人阶层的,儒家教义会在其经商活动中有意无意地发挥作用,其中有利于商业的儒家信条使他们在商业经营中获利甚丰。诚实不欺、公平守信是儒家的重要教条之一,明代商人对儒家教条的学习、领会、运用,使自己在一定程度上具备了这种素质。明代陕西商人樊现曾说:"贸易之际,人以欺为计,予以不欺为计,故吾日益而彼日损。"①明代山西伙计"以行止相高……虽不誓而无私藏"。② 他们甚至把这一信条上升到伦理的高度。顾炎武《肇域志》记载明代徽商马禄"尝客常州,受友人寄金百余,为同旅所盗,秘不言,罄己赀偿之"。明代商人素质的提高有利于商业经营的规范化和科学化,加速了商人集团的儒化过程,许多商人的子弟通过科举进入官僚阶层。如成为反封建勇士的李贽,其家世代经商,而他却官至知府。

3.明代的商业文化冲击了传统的"重农抑商"思想

明代商业文化的重要作用之一就是对人们传统认识观念的冲击。在整个明代社会经济中,商品经济的比重有所增加,主要有以下几个方面。

(1)随着小农与市场联系的密切,家庭副业在农民经济生活中的重要性增加了。为了争取更多的手工业产品投入市场,一些地区连男人也从事家庭手工业劳动,自然经济下男耕女织的传统社会分工起了变化。如明代万历年间以后,松江地区就有男子以缝袜、制鞋为生的。太仓城中,有许多男子靠轧棉花生活。温州地区,除妇女勤于纺织之外,许多纺织品都出于男子之手。

(2)农业商品化有所增长。明代的市场上远距离贩运贸易的

① 《康对山集》卷三八
② 沈思孝.晋录.

南北交流相当频繁。南北货物的贩运中奢侈品占相当比重,日常生活必需品的比重在持续增加,而且在明代后期已成为主要内容,其中最明显的就是布与棉花的交流。北方的河南、河北、山东等地,商品棉生产占相当比重,主要靠商人远距离运输销售。南方的嘉定、常熟等地区生产棉布,也需要靠商人远距离运输。如果棉花卖不出去,棉农便束手无策,其他一些农作物,如蓝靛(染料作物)、茶、桑、烟草、甘蔗等作物在不少地区的农业生产中的比重越来越大,粮食买卖日益增加,从而促进了农产品的商品化。

(3)商业市集的繁荣。小商品生产是一种极端分散和零星的生产,只能就近通过交换活动而取得所需要的其他生产和生活资料。适应这种生产的需要,一些定期的小的地方市场应运而生。如江南生产丝绸的地方,逐渐形成了一些颇负盛名的地方市集。例如吴江的震泽镇,元代只有居民数十家,市场萧条。明朝成化年间(1465—1487)有人家三四百,明末居民已发展到 3000 家。吴江的盛泽镇,在弘治元年(1488)是一个普通的村庄,到了明朝晚期,拥有千余家丝绸商店,各地富商带着巨资会聚于此,交相贸易,其繁荣景象不亚于商业大都会。

(4)商人社会地位的提高。明代商业资本活跃,全国各地有许多商人和商业资本集团,其中最著名的有徽商、晋商和江右商,还有闽商、吴越商、关陕商。许多商人带有地方性。由于封建血缘关系、乡土关系的作用,以及远距离贩运贸易的发展,出现了许多地方性商业集团——商帮。在此基础上,逐渐产生了工商会馆。会馆的出现始于明代,首创于北京,会馆原是士大夫之间的"联谊"组织,具有同乡会性质。明中期以后,随着商业的发展,情况有所变化,商人可在会馆中居住、买卖货物。

明朝初年,作为传统的抑商政策的体现,规定商人之家或农民家中有人经商,家庭成员都不准穿绸纱。但明中叶以后,商人社会地位有所提高,首先是商人的政治地位有所提高,不仅商人本人可以出钱买官,而且商人子弟也可以公开参加科举考试,因此商人子弟不得做官的禁令已实际上取消,李贽即是一例。其次,商人社会影响增大。富商大贾凭借金钱的威力,能与官僚地主一争高低。嘉靖时无锡的大商人邹望在与当过尚书的大官僚顾某打官司的过程中,曾动员城内外的商人罢市,并用重金贿赂衙门中的官吏,使顾氏呼唤不灵,被迫同邹望讲和。这些足以说明商人社会地位的提高,对封建社会森严的封建礼教、以封建特权为核心的封建等级制给予有力的冲击。

四、明清时期商丘的集市贸易

　　商丘是商人与商业的发源地,商丘自古就有经商的传统。王亥以中国历史上最早的商人被载入史册。在春秋战国时期,《史记》卷一百二十九《货殖列传》载:宋国"稼穑之民少,商旅之民多"。汉代、唐代与宋代时期,商丘的经济地位在全国都处于一个非常重要的位置。历史发展到了明清,随着生产力的提高,商品生产出现了前所未有的发展势头。如果说秦汉时期是中国经济发展的第一高潮,隋唐是第二高潮,宋代是第三高潮,那么明清则是第四高潮。自明中叶以后,商品经济的发展,将人们的买卖活动,从狭小的地方市场引向较远较大的市场,由零星的交易引向批量交易。

　　明代商丘经济的发展,把人们的生产消费和生活提高到了一个新的水平。生产力水平的提高,生产技术的改进,为商丘棉纺织业的兴起创造了条件。人口的增长,也是商丘经济在明清之际发展的一个重要因素。

　　商丘有丰富的地上资源和地下资源。其开发起步早,有着十分发达的农业和手工业,在相当长时期内,这里的经济和技术水平在全国处于领先地位。随着生产力的发展、科学技术的进步,明清时期商丘的农、工、商业均较金元时期有着明显的进步和发展。商丘是全国重要的粮食产区及棉花产区,为商丘的经济发展提供了丰富的物质资源。

　　明清两代,我国南北经济发展差距拉大。江南地区所生产的各种手工业品及日用品,除满足本地所需外,尚有大量积存,而这些产品又为南北各地特别是商丘城乡所急需,需要长途贩运才能达到这些地方;北方各地,特别是商丘所产的粮食及其他农林牧副产品,需要外销,而这些农林牧副产品又为经济发达的江南地区所急需,同样需要长途贩运向南方转运。在这些商品的转运中,商丘是必经之路。在铁路出现之前,运输主要靠水陆两路。特别以开封为中心的四大线路之一开封至归德俯路,将商丘境内的各县联接起来,将其农林牧副产品通过这一渠道输往全国各地。

(一)明清商丘集市的发展

集市是介乎城乡之间的社会细胞,是城市的胚胎和雏形。集市在我国起源很早。《易·系辞传》有"日中为市"的记载。东晋时出现了草市。唐宋时期,中原地区的集市已相当发达,在人们的生活中起着不可忽视的作用。由于地区的差异,人们对于集市的称谓也不完全相同。在南方多称为墟(或虚),也有称为坊、街的;在河北、河南、山西一带,多称为集。

集市的发展与商品经济的发展是同步的。明清时期是我国商品经济发展的重要时期。伴随着商品经济的发展,各地城乡集市市场也有了相应的发展。同时由于经济发展上的差异,各地集市发展也存在某些差异。

1.明清时期商丘集市的发展表现在数量上的增加

明清时期商丘的集市可分为城集和乡集两大类。集市数量的多寡,基本上可以显示出当地经济发展的水平,明清时期商丘的集市数量较前代有较大的增加。以永城为例,嘉靖《永城县志》载:"按《旧志》上有东关、西关、攒阳、太丘、胡家庄、苗村桥六集,今增共四十五集。集有东关集、西关集、北关集,以上在坊乡。费桥集、白马桥集、薛疃桥集、柏山集、东十八里集、胡家庄集、铁佛寺集、黄家集、苗村桥集、睢城集、域村集、丁家集、秦家集、旱道口集、窦家集、李梁集,以上在甫城乡。泥台店集、龙冈集、白庙集、攒县城集、王家集、张家集、裴家桥集、书案店集、马头寺集、扎捕集、麻冢集、柘村集、双桥集、找子营集,以上在甫县乡。山城集、潘陆道口集、胡父桥集、何家集,以上在砀山乡。火烧店集、薛家胡集、保安集、买头集、太丘集、西十八里集、攒阳集、马牧集,以上在保安乡。"该县集市由 6 处增至 45 处,不能不说是一个大的发展①。

集市的开设与经济发展、民众生活的需要是一致的。清初在经济恢复过程中,人们根据当地的具体情况,及时地调整了集市的布局。自乾隆以后,在商丘各地城乡相继又开设了不少新的集市。

归德府(今商丘县)乾隆年间集市 55 处,较明嘉靖时 36 处增加 60%。这一事实表明集市的增长是与商品经济的发展成正比的。它显示了商丘集市贸易发展的脉络,同时也记录了商丘商品经济发展的轨迹。

2. 明清时期商丘集市的发展表现在开市日期的增加

明清集市,依据开市期来划分,可分定期集市与不定期集市两大类。所谓定期集市,是指开市有固定的日期;不定期集市,是指开市没有固定的日期。定期集市依据开市时间的多寡,可分作下述十种情形。

(1)日日集。又叫每日集,日常集。每日都有集。这类集市,多出现在府县的城集中。城集集期的安排,多按月进行划分,也有按旬进行划分的。

(2)间日集。又名隔日集。每两日一集。此种集市出现在经济发达、人口较多的地区。其集期或单日即一、三、五、七、九或双日即二、四、六、八、十。在明代嘉靖年间,在商丘各县出现,但数量不等,差别很大。

(3)十日四集。此类集市,在明代商丘有之,但为数不多。在清代数量有所增加。

---

① （嘉靖二十七年)永城县志:卷一,风土志·市集.

（4）三日一集。即十日三集。集期或一、四、七，或二、五、八，或三、六、九。

（5）五日一集。此类集市，在明清商丘，各县均有，且数量亦多。集期或一、六，二、七，三、八，或四、九，五、十。

（6）七日一集。此种集市在商丘数量较少。

（7）十日一集。此种集市多设在城内及关厢。

（8）半月一集。此类集市在明清商丘较常见。

（9）一月一集。此种集市与上述十日一集颇为类似，多设在城内及关厢。

（10）一年一次或两次的会。会是集市贸易的补充形式。明清的会，定期举行。一年一次或两次。大致有两种：一是定期集市外另立集（会）期，进行物资交流。其规模通常比集市要大，且与农事紧密结合。在嘉靖年间，这种物资交流的会相当活跃。如归德州三月十八日，谷熟有会，市百货①。四月十八日，小坝、观音堂有会，市百货①。另一种是庙会，又叫庙市，是在寺庙附近举行的与求神礼佛相结合的物资交流会，在嘉靖年间，此种庙会已遍及商丘各地。永城县三月十八日，王妃庙会；五月十三日观王庙会②。夏邑县正月初七日的火星庙会③。柘城县三月十八日济渎庙会，"市百货"④。这些会的开设，有些是在城内关厢及集市所在地，可也有不少是设在非集镇地区的村落和寺庙所在地。它与各地集市相互补充，从而形成了明清农村的集市网络。

以上凡十种，均为定期集市。这种建置，反映了明清商丘集市类型的多样性。而这种多样性，同样是来源于经济发展的多样性，即不平衡性。从商丘全局来看，第一类的日日集，主要是在府州县城及城关，在乡集中只是个别的。第二类的间日集，处在增长之中，其数量较日日集为数要多。而在乡集中，数量最多的是

---

① （嘉靖二十四年）归德州志：卷一，舆地志·节选.

② （嘉靖二十二年）永城县志：卷一，地理志·风俗.

③ （嘉靖二十七年）夏邑县志：卷一，地理志·庙会.

④ （嘉靖三十三年）柘城县志：卷一，节序.

第五类的五日一集。聚散无常的不定期集亦多有之,这类集市的
发展趋势多数是成为定期集市。各地集市的安排,或按旬排比,
或按月排比,或按年排比,其原则大致有两条:一是适合农事的需
要,方便农事,不误农时;二是方便民众交易,集市日期相互交错,
连绵不断。从而,形成了集期安排上均衡性的特点和优点。

3. 明清商丘集市的分布

明清商丘集市的分布基本上体现了明清时期商丘经济发展
的状况及各地经济发展的不平衡性。其分布有以下几方面的
特点。

(1)以县城为中心。明清的县城是县官府所在地,人口密集,
是地方的政治、经济、文化教育中心,也是集市贸易的中心。明清
商丘的县城规模,多沿袭旧制,城内有街巷,外有关厢。随着社会
经济的发展,商民纷纷拥进城区,原有城区的街巷容纳不了日益
增多的居民。顺应这一发展变化的需要,各地共同的做法,一是
扩大城内建街巷,二是让商民向城外关厢移居。而正是在这期
间,顺应商品经济的发展,在商丘各地的乡集中兴起了一批规模
较大、交易繁盛的集市。归德(今商丘县)丁家口集,在县北三十
里,正统十年(1445)置巡检司,是时,该地"舳舻星聚,贾货云集,
亦兹土之名区也"①,在各地的县城及关厢广设集点。嘉靖《永城
县志》卷一载永城县城内设集 3 个,乡集 42 个。嘉靖《夏邑县志》
卷一载夏邑县城集 4 个,乡集 13 个。嘉靖《柘城县志》卷一载柘
城县有城集 26 个,乡集 16 个。

(2)交通要道上集市密集。商丘地处中原,位居黄河下游,水
陆交通均为便利。因此,集市的设立多在水陆交通沿线上,尤其
是水陆码头,集市更为发达。商丘县的丁家口集,就是这样兴
起的。

(3)乡集多在距城 20～30 里。明清商丘集市是以县城为中

---

① (嘉靖三十五年)归德州县志:卷二,建置志.

心的。就各县所设集市布局来看,多数集市都是在距城 20～30 里之间的地区。以夏邑县为例列表如下:

表 1　夏邑县乡集的分布

集名	方位	距城里数	集名	方位	距城里数
韩家道口集	东	50	王村集	东	20
夏家道口集	东北	25	司家道口集	北	20
木杓王道口集	北	25	会亭集	南	30
胡家桥集	东南	25	桑固集	西南	25
营盘集	西	35	刘福营集	西北	35
牛王固集	西北	50	贺家集	西	35
司家集	西北	20			

此表显示,在距城较远的乡村也兴起了一些集镇。明代商丘的集镇是以州县城为中心向外扩展的。总之,从明代商丘集市的地理分布来看,其趋势是随着社会经济的发展,逐渐向乡村普及,集市多设在距城 20～50 里,集市与集市之间的间距大多在 10～15 里。这种设置与当时商丘各地经济发展状况及民众生活的要求是相适应的。它有利于商民贸易,可以减少人们奔赴之劳,并使人们可在一日之内往返。

(二)明清商丘集市的管理及特点

就明清商丘集市发展趋势来看,它的格局,一是城集,仍然是以府、县为中心向四周扩展。府、县城是其最有代表性的城集和处在交通要道的集市。官府所在地是地方政治、经济、文化教育的中心,是人口密集地区,也是商品贸易中心。城集市场设置,明代多在城内大街,清代则多移置城关。二是交通要道上的集市与非交通要道上的集市相比,前者发展较快。明清商丘著名乡集,绝大多数是处在交通要道上。

1.明清商丘集市的管理

集市的发展与经济的发展是同步的。随着经济的恢复发展，集市的数量也就日益增多。由于集市贸易直接关系到民众的切身利益，关系到社会秩序的稳定与否，所以，明清政府及商丘地方政府都十分注重对集市的管理，并且围绕集市贸易问题采取了一系列的政策措施。归纳起来主要有以下几点。

（1）确定集市的开设。集市的开设既有民众的要求，又要经过政府的批准。明洪武二十九年(1396)，河南各县都相继制定了县市法，对于境内集市设置地点、开设日期及集市贸易诸问题作出了明确规定。

（2）规定开市日期。县府在批准设集的同时，就明确规定了集市开市的日期。柘城县关厢，原为间日一集，正德五年(1510)知县高举易为常市。[①]

（3）度量衡管理。集市交易是离不开斗秤尺的。朱元璋在宣布建立大明朝时，就注意到斗秤尺的问题。洪武元年(1368)下令铸造铁斛斗升量具。翌年，又下令"凡斗斛秤尺，司农司照依中书省原降铁斗、铁升，较定则样制造，发直隶府州及呈中书省转发行省，依样制造，较勘相同，发下所属府州，各府正官提调依法制适，较勘付与各府州县仓库收支行用。其牙行、市铺之家，须要赴官印烙。乡村人民所用解斗秤尺与官降相同，许令行使"。《大明律》中规定："凡诸物行人评估物价，或贵或贱，令加不平者，计所增减之价，坐赃论；入己者，准盗窃论，免刺。"

（4）物价管理。物价是否公平合理，直接关系到商民的切身利益，关系到贸易能否正常进行，同时也影响到社会秩序的安定。为此，明政府十分注重物价问题，要求公平交易。市场物价须经市司同诸物行人公平评估。

（5）税收的管理。随着城乡集市贸易的发展，向集市交易者

---

① （嘉靖三十三年)柘城县志：卷一，地理志·市集.

收税也成为官府集市管理的一项重要内容。

2.明清时期商丘集市贸易的特点

集市贸易是以商品经济为基础的。商品经济的发展,不仅决定着集市的布局、数量和集期,还决定着集市贸易的商品的品种、数量及商品流向。明清时期地处中原的商丘,其集市贸易具有下述之特点。

(1)原始交易居于主导地位。明清商丘集市开设日期有定期集市和非定期集市,从而形成了以城集为中心,以定期集市为主体的集市网络。从贸易形式来看,在这个集市网络中的集市,大致可分作两大类。一类是一般集市,即低级交易集市。这类集市,规模小,交易货物品种少,数额亦小。在这类集市上,前往交易的主要是附近10~15里的农民和小商小贩。他们以自己剩余的农副产品直接换取所需要的生活用品。所谓五日集和非定期集市即属此类。另一类是集散中心,即较高一级的交易,如商丘县的丁家道口集市。这类集市规模大,交易货物的品种亦较多,数量亦较大。

(2)农副产品居主要地位。集市贸易是随着商品经济的发展而发展的。明清集市从全国范围来看,集市贸易的多层次已经形成,出现了手工业为主型集市、农副产品集散型集市、经销某一种商品为主的专业型集市等类型。集市市场大致有全国性的贸易中心、区域性的贸易中心、地方集散中心和一般性的小交易市场四类。在此期间商丘的经济在原有基础上的发展是显而易见的。农副产品为商丘集市交易的主要货物。城乡集市上贸易的主要货物来源具有浓郁的地方特色,多数是地方所产的农副产品。商品经济的发展,不仅使商品的品种和数量日益增加,越来越多的农林牧副产品相继进入城乡集贸市场作为商品进行交易,同时也扩大了人们在生产和生活上的需求,需要从市场上购买比先前更多的商品。进入商丘城乡集市的商品有本地的农林牧副产品、手工业品,还有来自全国各地各色各样的商品。概括起来主要有以下几类物品。

①粮食贸易。商品粮的需要量随着商品经济的发展、非农业人口的增长而增长。明清商丘商品粮的需要量之所以显著增长，其原因，一是经济作物种植面积继续扩大，粮食作物种植面积缩小，这样一些从事经济作物生产的农民不得不从市场上购买粮食。二是制酒业的发展。高粱、二麦是酿酒的主要原料。三是非农业人口的不断增长。

清代商丘集市上粮食销售的去向，一种情形是满足当地城乡居民吃粮的需求，另一种情形是通过粮商将商丘的粮食运往周边各地。

②棉花及棉纺品贸易。明清时期商丘是重要的产棉区，随着棉纺织业的发展，棉花、棉布成为人们衣用的主要原料。对于棉花、棉纺织品的需求也大为增长。因而，棉花、棉纺织品成为商丘集市贸易的又一重要商品。

③农具贸易。农具为农民生产的必需品。农民所使用的农具，一部分来自本地人的生产，另一部分来自商人的贩运。

④牲畜贸易。在明清时代，牲畜仍然是主要的动力工具。农民需要耕牛耕地，还需要牛、马、驴、骡进行运输。而在交通不便的山区的集市上，牲畜的作用更显得重要。

⑤京广杂货贸易。明清商业的发展，扩大了各地区之间的经济交流。京广杂货，品种繁多，主要为南京、苏州、广州的丝织品、棉纺织品及其他产品。此外，还有来自全国各地的一些产品。这些京广杂货，在清代逐渐由城市向乡村扩展。

⑥蔬菜瓜果贸易。随着社会经济的发展，人们生活水平的提高，以及城乡非农业人口的增长，作为人们生活必需品的蔬菜、瓜果的需要量也随之增长。正是适应这一要求，在归德府及其所辖各县，出现了日益增多的菜农、瓜农，及经营蔬菜、瓜果的商贩，蔬菜瓜果的种植面积也有了较大的增长。①

---

① 王兴亚.明清河南集市庙会会馆[M].郑州：中州古籍出版社，1998.

(三)明清商丘集市贸易的作用

明清时期商丘集市贸易的兴旺和繁荣,对促进商丘商品经济的发展起着十分积极的作用。

1.明清时期商丘集市星罗棋布

集市的基本特点就是"以其所有,易其所无"。商丘集市的开设和集期的确定,都是顺应了当时经济发展的趋势与城乡民众交易的需求,同时也是结合农事安排的。它满足了当地居民生产生活的需求,对于商丘农业、手工业、商业、交通、文化教育的发展都产生了一定的影响。

2.促进了种植业的发展变化

商丘的传统农业是以种植粮食作物为主的。但是随着商品经济的发展,农民看到种植经济作物比种植农作物获利更多,就促使农民纷纷种植经济类作物,其变化主要表现在蔬菜、药材、烟草的种植上。特别是城镇规模的不断扩大,使蔬菜的种植数量及范围不断扩大,乾隆五十四年(1789)《归德府志》载:宁陵县"附郭多为圃"。[①]

3.促进了农村家庭副业和手工业的发展

明代随着商品经济的发展,商丘的棉纺织业、煤炭业、粮食加工业等都有显著的发展。入清以后,商丘的商品经济继续发展,商人在集市上开店设摊经营,从事购销,来自全国各地的商人带来了他们的产品和将商丘的产品销往全国各地。康熙三十二年(1693)《睢州县》卷十风俗载:"睢州(今睢县)若布帛盐卤诸利,皆秦、陇、徽、苏侨寓于此者,辐辏于市"。这些来自全国各地的商人来到商丘城乡,投资经营,为活跃商丘城乡经济作出了贡献。

---

① (乾隆五十四年)归德府志:卷十,地理志略下·形势.

4. 促进了集城文化的发展

集市的发展,不仅促进了社会经济的发展,也扩大了人们的视野,提高了人们的文化要求。明清时期的商丘集市,既是各地的贸易中心,同时又是乡村文化教育、宗教、娱乐中心。在各地的一些大的集镇上,相继出现了不少文化设施,官府和一些官绅、商人投资办学、修建寺庙、会馆,组织庙会,搭台演戏,举行文体表演等。这些活动不仅促进了集市贸易的发展与繁荣,达到了文化搭台、经济唱戏的目的,同时也极大地提高了各地民众的文化生活水平。

五、清代钦差对科举舞弊案的查处与作用

在中国封建社会中,绝大多数知识分子甘愿"十年寒窗苦",就是为了"一举成名天下知",而要实现此目的,参加科举考试是唯一途径。自从科举制度产生以来,不知有多少士子学人终身献身科举考试事业,梦想自己科举得中,但由于科举名额以及其他一些因素的限制,相当多的人恐怕终身都不会有成功的机会,结果使得封建社会的知识分子对科举是既崇拜又惧怕。当然其中一些有识之士靠着自己的努力或许会少年得中,但更多的还是落榜者。正直的士子只好听从命运的安排,也有一些不肖士子在正常情况下不能考中时,想出各种歪门邪道,使自己科举得中。但无论哪种办法,都必须通过科举考试来实现,因而科举考试中的舞弊行为在清代得到了迅速蔓延和扩张。由于科举考试始终是封建政府选拔人才的重要途径,为了保证通过科举选拔出真正的可用之才,清朝政府对于科举中的舞弊现象坚决予以杜绝,对科举舞弊案件坚决进行查处,而且经常派遣钦差直接负责查办。纵观清朝发生的科举大案,朝廷派钦差查处的主要有以下几种类型。

(一)钦差查处主考官索贿受贿案

清代乡试于每省设主考、副主考各一人(直隶顺天府除外),主考官由皇帝钦命简放,是一种临时差使,没有任期,考试完毕仍回原任。清初,主考官多用进士出身人员,亦间有举人出身者。雍正三年(1725),始限翰林及进士出身之部、院官。作为朝廷钦派的主考官有着特殊的权力,其掌理批阅士子试卷,"去取权衡,

专在主考"。每当乡试之年,礼部将应差各省的乡试主考,依路途远近,先后疏名上请,一旦朝命下达,当即动身,赴任时,不许携带家眷,不许辞官,不许携带过多佣仆,不许游山玩水,不许接见故人,不许与外界交际。进入主考省境,即有巡捕官迎候,以监临条封轿门,送入省城驿馆,再封馆门,地方官员亦不得随意谒见,以防暗通关节。

尽管朝廷对主考官的行为作了严格规定,但由于主考官掌握着考生命运,每次举行科举考试时,仍有许多考生设法打通考场关节,有的考生直接给主考官送礼行贿,希望主考官在阅卷过程中给予照顾。康熙五十年(1711)江南乡试,副主考官赵晋与提调马逸姿内外交通,广鬻关节。两江总督噶礼亦欲于科场取利。因此,毫无忌惮,贿赂公行。榜发后,舆论哗然。主考官副都御史左必蕃疏题朝廷,场后风闻噶礼有言,索取 50 万两银子,准许代为周全。江苏巡抚张伯行也疏报,苏州士子千余人,愤懑不平,共抬财神入文庙,供奉明伦堂。同年十一月,康熙命户部尚书张鹏翮前往扬州察审。张鹏翮因其子懋诚现任安庆府怀宁县知县,受总督、藩司挟制,多有瞻顾。钦差大臣在扬州数月,科场作弊一案竟未审清。康熙认为张鹏翮等掩饰和解,又派户部尚书穆和伦、工部尚书张廷枢为钦差大臣再往扬州严审。后议定伯行革职免徒,噶礼免议。吏部议覆江南督抚互参案,如钦差大臣所议。康熙降旨:"张伯行居官清正,天下之人无不尽知,允称廉吏。""噶礼屡次具折欲参张伯行,朕以为张伯行操守为天下第一,断不可参。"最后,噶礼被革职,张伯行革职留任。

康熙五十八年(1719)五月,差往浙江审事的钦差礼部侍郎王思轼等疏言,浙江正考官编修索泰应允侍读学士陈恂嘱托将陈凤墀中仕,陆续借陈恂银 1500 两,应拟斩监候,秋后处决。这是主考官以"借"的名义进行索贿,是一种新的受贿形式。

虽然清朝政府对科举舞弊案件坚决查处,但在量刑方面却较轻,这样对于贪污官员就不能起到有效的震慑作用,他们依旧我行我素,受礼纳贿。雍正五年(1727)二月,内阁九卿、翰詹、科道议奏江西考试官查嗣庭、俞鸿图收受举人牌坊银两,除查嗣庭大逆不道,另案归结,其巡抚汪漋、布政使丁士一,副考官俞鸿图应按律治罪。雍正认为举人牌坊银两,分送主考官,向来亦相沿行之,尚非赃银之比。但如果说主考应该收受,也是不妥的。汪漋之过,在于身为封疆大臣,而与钦差主考为房屋交易之事,应加处分,以儆将来。但其为人尚老成,著降四级,以京员调用。可见,主考官收受举人牌坊银两在清代已成为一种惯例,此案的焦点是地方大吏与钦差主考做房屋交易之事,而朝廷最终处罚也较轻,这也足以促使清朝科场腐败程度的加深。

在清代,"向来正副考官奉差出京,无论官阶大小,各按省份远近赏给盘缠,并准驰驿前往,行走已属从容。"考官作为皇上钦派,是不缺少花费的,但每每有人借着这个机会,抱着大发一笔横财的想法,找各种借口对地方官进行婪索。嘉庆初年(1796)江西正考官周兴岱就是这样一个典型人物。周兴岱系户部侍郎兼管钱局二品大员,嘉庆六年(1801)任江西正考官,嘉庆七年(1802),嘉庆听闻周兴岱前赴江西时,以侍直内廷炫耀高兴,并且口称有奉旨查访地方之事的任务,还擅出告示,收受程仪。对此消息嘉庆最初并不确信,密令江西巡抚张诚基秉公详查。经查,情况确实。即命周兴岱回奏,周兴岱自称与江西地方官接见时,并未提及查访地方事务,"惟素闻该省房官多有舞弊,是以于入闱前出示严防阅卷时有呈见草率者,面加驳斥,至巡抚司道及房考官向例致送程仪,曾再四坚却,始行收受"。周兴岱的一番解释并未能免去其应受的处罚,嘉庆帝认为周"得项优厚,非如翰林、部曹等官职分较小者可比,奉命典试自应洁己奉公,保全颜面,乃于该省官员馈送银两,辄行收受,并告以未带冬衣,致府藩等添送衣裘,殊属卑鄙,岂可复玷内廷清秩,周兴岱著退出南书房,仍交部严加议处"。部议照溺职例革职,后又加恩降为四品京堂。除了追究钦差主考的责任,对于外省地方大吏私行馈送的陋习,朝廷也予以斥责。对于京里派来的钦差主考,地方官员往往尽其所能来讨好,致送主考程仪,甚至周兴岱口称未带皮衣,即行馈赠。钦差偶尔流露的一句话,在这里也被充分重视起来。嘉庆指责张诚基等,"职分较小的翰林部曹等官出闱后,督抚两司养廉优厚,致送土仪,稍助路费,尚属地主之谊。至房考各官俱系州县官,俸禄原本不多,若破产馈送主考,必至卖举子通关节,而主考受房官之馈送,何能秉公阅卷?"因此将江西巡抚张诚基等亦交部议处,最后加恩改为革职留任。并且规定,"嗣后不得私自馈遗,考官亦不得辄行收纳。若考官系三品以上大员,即督抚两司,亦不准致送路费,倘经此次训谕之后,仍有肆行馈遗收受者,一经查出,即严行惩办"。

(二)钦差查处的学政科举舞弊案

清代设提督学政,派往各省专掌生员之考课黜陟,按期至所属各府厅视察考试。学政由朝廷在侍郎、京堂、翰林、科道、部属等官中选进士出身者简派,三年一任。不论本人官阶大小,在充任学政期间,均与督抚平行。可见,清代学政具有相当高的地位,在为朝廷选拔人才方面起着十分重要的作用,如果学政在行使自己权力的过程中,掺杂私念,不能秉公执行,就会导致所选拔人才素质的低劣,从而不能为朝廷输送栋梁之材,其后果将是严重的。清朝政府对于在科举考试中暴露出来的涉及学政的失职案件,往往派遣钦差进行查处。雍正统治前期,科场秩序相对稳定,雍正自己也认为"朕御极以来,时时训谕奉差考试诸臣,秉公持正,杜绝私情,以为国家培养人才之本,幸奉差诸臣,皆能仰提朕心,恪遵朕训,屏除弊窦,遴选真才,十年来试事肃清,士论翕服"。正当雍正帝沉浸在对科场数十年未发生舞弊大案的安慰之中时,雍正十一年(1733),河东总督王士俊列款纠参河南学政俞鸿图贿买生员,打破了雍正帝的自信。九月初二,雍正下旨将俞鸿图革职,并差遣户部侍郎陈树萱前往河南会同总督王士俊共同审理此案,而且要求不得有瞻顾徇情之举,否则该侍郎、总督一定严惩不贷。经过半年的审理,俞鸿图最后被判处死刑。在此案结束时,朝廷作出规定,今后各省若有考试不公、徇情受贿,经查访得知,除将学政大臣从重治罪外,该省的总督、巡抚也要按照溺职罪严加处分。

乾隆十一年(1746),河南学政汪士锽在考试文童时,只拔取缙绅子弟,考试武童时,不进行马箭考试,只让武童射步箭一支。结果众士子议论纷纷,表示不服。河南巡抚硕色将此事上奏朝廷。乾隆十分重视,立即派遣户部侍郎雅尔图为钦差前往河南进行会审,查审结果,汪士锽被褫职。

清代科举的考试卷子,采取"糊名"和"誊录"的制度,即考生交卷后便将卷首的考生姓名贴糊起来(类似现在高考的密封),并派专人照原卷抄录一份,将所抄录的一份编写序号后交给评卷人员,这样做可防止评卷人员辨认出考生笔迹。评卷官将试卷评好后交给管理人员。管理人员按照原来编好的顺序将试卷拆开把成绩抄在原来试卷上,所以评卷官与管理人员串通起来联合作弊非常容易。雍正十二年(1734)八月,浙江学政陈其凝违反阅卷规定,"署内阅卷",最后导致生员樊显自刎,雍正命刑部右侍郎梅毂成往同巡抚方观承会鞫,查得陈其凝纵子及仆吏串通舞弊的罪状,论罪如律。

(三)钦差查处科举"枪替"案

清代科举考试中有一种舞弊方式叫作"枪替"。枪替的方法多种多样,其中有一种称作"联号",此方法是将考生和替考者的名字同时报上,这样替考者和考生本人同时进场,买通有关安排考场的人员使其座位相联,由替考者答好试卷后与被替者互换试卷。嘉庆十四年(1809)八月,御史陆言劾奏浙江学政刘凤诰,曾在代办监临时听受请托,代熟悉识士子许步鳌印用联号。刘凤诰"情性乖张,终日酣饮。每逢考试,不冠不带,来往号舍,横肆捶挞"。疏中言,上年乡试,该学政代办监临,遍往各号与熟识士子讲解试题,酌改文字,馈送酒食,致使其他众士子纷纷不服。将生员徐姓等刊刻木榜,遍揭通衢,并造为联句书文。嘉庆帝闻听非常重视,即命户部侍郎托津、刑部侍郎周兆基、光禄寺卿卢荫溥为钦差赴浙江查按,查明刘凤诰除无受贿事情外,其余均属实。请旨发往伊犁效力赎罪。嘉庆尚觉稍轻,命将其革职拿问,交刑部覆审定拟。大学士庆桂等覆按无异,以加罪不如于死,仍照原拟具奏。可见嘉庆帝对此案中的学政犯罪处罚比较严厉。

由于清朝冒考现象十分严重,所以主考官或学政稍不注意,就容易让冒考者得逞。科举中的冒考一旦被揭发,即使学政未参与作弊,也被视为一种严重的失职行为。嘉庆十九年(1814)十一月,御史高枚参奏浙江学政李国杞任事粗疏,朝廷命何汝霖、史部右侍郎恩桂为钦差前往审理。十二月,奏言李国杞对于附生陆敬册貌两歧,暨陈殿诏等顶名冒考,竟均无觉察,将其下部议处。

由于中国地域广大,各地文化的发展水平很不一致,从而给一些士子创造出利用各地文化水平的差异进行舞弊的机会。在文化发达的地区考试竞争激烈,不易取中,而在文化落后的地区则易取中,特别是文化较发达地区的士子到文化落后的地区参加考试,则更易取中。清朝时期,中国的文化风气大体上表现为南方发达,北方相对落后。清代统治者为了缩小各地的文化差别,规定各省科举取士都有一定的名额,若不如此,恐怕文化落后地区的北方士子就很难取中。所以,一些南方士子为了科举考中就到北方地区"冒籍跨考"。康熙五十一年(1712),就有"近来浙江人冒直隶等处北籍及代人考试者甚多"之语。乾隆二十一年(1756),奏准严禁南人冒北皿(监)、北贝(贡)应试。谓"顺天乡试立南北皿字号,分额其中,向有南人冒捐北监应试者"。嘉庆十二年(1807)上谕:"京师大、宛两县……向来多有南方士子,希图幸进,冒籍应试者。"这一年通政司副使泰和奏称:"山西省近年以来,南省士子接踵冒籍考试、入学、补廪者相继而起,其中获登科第、身任官职者,亦不乏人。"冒籍跨考法律上是否构成犯罪,我们这里姑且不论,但清朝政府对冒籍跨考是严格禁止的。如雍正七年(1729)正月,钦差户部侍郎史贻直查处的原任巡台御史景考祥包庇年侄冒籍一案,在当时具有较大影响。

清代的冒考,多见于童试和岁、科试。嘉庆七年(1802)四月,济宁州属金乡县生员李玉璨控告童生张敬礼等以皂役曾孙冒考，但知县汪廷楷并未详查，率准送考，知州王彬对此情况也不予查办，以致阖邑人心不服，差点罢考。王彬无奈，只有将汪廷楷解任，交巡抚和瑛秉公审办。不久给事中汪镛又上奏朝廷，因承审官员将原告刑逼诬认，致使武生李长清赴都察院具控。至此，嘉庆派遣侍郎祖之望为钦差前往查办，后鞫实，均按律治罪。

  有清一代，科举考试作为清朝政府选拔人才的重要途径，可以说朝廷是非常重视的。凡科举舞弊大案，除了主考官作为钦差参与查处以外，还不断派出钦差以示朝廷的重视。清代政府对各种舞弊行为采取了严密的防范措施，甚至不惜以刀具斧钺为手段。但由于通过科举能获得特殊的利益，故而清朝科举考试中的各种舞弊现象未能禁止。尽管如此，清朝不断派出钦差大臣处理科举舞弊大案，对防止科举舞弊、整顿科场秩序还是起了一定的积极作用，并为我们今天留下了宝贵的经验教训。

六、清代钦差在河工的监督与作用

清朝时期,人类抵御自然灾害的能力极为有限。黄河、淮河、长江等河流经常出现决堤现象,给沿岸居民带来沉重灾难。为了减轻河患,清朝中央政府经常派出钦差直接指挥治河工程。有清一代,涌现出许多治河名臣,在他们的努力下,河患大为减少,对清朝统治的稳定与经济的恢复和发展起到了有利的作用。

(一)清代钦差对河工的监督及其作用

1.钦差对河工的监督

清代的河患主要有南方的江湖患及北方的河患。在北方,黄河进入郑州以东后,水流减慢,大量泥沙淤积,每到汛季,极易发生决口。北方的河患以黄河为最多,损害最大。在南方,由于雨水较多,如果河湖工程修缮不及时,就易造成灾害增加,所以清朝前期几位皇帝都把治河作为主要任务之一,不仅设有专职的河道总督,还时常派出钦差了解情况,监督工程,并及时向皇帝汇报。康熙十一年(1672),黄河决口。六月,康熙帝派遣侍卫吴丹、学士郭廷祚为钦差前往视察决口情形,了解被灾地区的情况,向灾民传达朝廷的慰问。回京后将灾情绘图进呈。清朝的治河工程经费开支浩大,时常遇见久不见实效的情况,在这种情况下,朝廷会派遣钦差大臣前往详查河务,康熙十五年(1676)十月,谕往阅淮扬河工工部尚书冀如锡、户部侍郎尹桑阿曰:"河工经费浩繁,迄无成效,沿河百姓皆受其困,今特命尔等前往,须实心相视,将河上利害情形,体勘详明,各处堤岸,应如何修筑,务为一劳永逸之计,勿得苟且塞责,如勘视不审,后复有事,尔等亦难辞咎。"

雍正十年(1732),总督程元章奏报朝廷,海宁潮势自东而西,侵仁和县界,石、草各塘坍卸,形势非常危险。大学士等请特简大臣通盘筹划,以垂永远。雍正帝于十一年(1733)正月派遣海望偕直隶总督李卫勘浙江海塘。雍正对于浙江海塘的修筑非常关心,不惜花费重金,派多名大臣进行督修,但"不料经理诸臣,各怀私意,彼此参差,以致乖戾之气,上干天和",导致雍正十三年(1735)六月风浪溃堤之事,虽已奋力抢修,但雍正仍担心其不能捍御秋潮。在这种情况下,雍正决定派遣大学士朱轼为钦差前往督修海塘工程,令其"到浙之日,稽查指受,总理大纲","若大臣中有怀私龃龉者,著朱轼据实参奏","若文武官员等有营私作弊,或怠玩因循者,朱轼即行纠参,从重治罪"。

对于重大的河务工程,朝廷往往派熟悉业务的钦差直接督办,以确保工程的质量和按期完成。乾隆三年(1738),两江总督那苏图奏请于淮、扬一带开筑河道闸坝。乾隆认为此项工程重大,汪漋本籍江南,于彼处情形较为熟悉;且曾监修浙江海塘,于水利工程谅亦谙练,因此即命其前往江南总办此工,会同督、抚、河臣妥议。不久又命汪漋偕同政使德尔敏办理江南水利工程。乾隆四年(1739)三月,乾隆帝关于是否应开新运口的事情拿不定主意,"惟有命大学士鄂尔泰乘驿前往,庶与朕亲临阅视相同"。因此派遣当时最为信任的大臣大学士鄂尔泰视察黄河,为黄河是否应另开新运口提供咨询。

乾隆七年(1742)十一月,江南淮、徐、凤、泗等处被灾,乾隆帝对江南的河防水利非常关心,因大学士陈世倌屡次陈奏,乾隆"见其有中肯綮者,必有以成底绩之功",即派遣他驰驿前往被灾之处,会同周学健等查勘办理。

乾隆二十八年(1763)六月,御史朱续经自天津巡漕事竣复命,请设专司河务大臣,以资办理。由于直隶曾设立河道总督,只专办永定河防汛工程。对营田水利工程,办理数年,因南北地势异宜,也无显著成效,所以乾隆仍令直隶总督兼司河务。并且认为河务工程的督办,最有效的是随时派遣大臣办理,若专门设立人员管理反倒会拘泥于成见,于河务并无裨益。因此,乾隆派尚书阿桂、侍郎裘曰修为钦差至直隶各属,"会同地方大员,详勘应行修防浚筑事宜",而且这样做"较之设立河员,与地方官立异掣肘者固属有利无弊。且嗣后遇有应行修浚之工,随时特派大臣督理查勘,自足收相机集益之效"。

乾隆二十八年(1763)十二月,崔应阶奏请兴挑荆山桥旧河,祛除淤泥使其畅通。于是乾隆命协办大学士公兆惠于第二年初春驰驿前往,会同尹继善、叶存仁、崔应阶相度会议。

钦差治河取得的成就不仅得到朝廷的承认,老百姓也把治河的希望寄托在钦差身上,乾隆三十二年(1767)三月,当钦差阿里衮查勘天津淀河堤岸时,"村民见有钦差前往,踏勘筑堤,无不欢欣踊跃,金云从此子子孙孙皆可永远沾恩,且堤内之地亦可尽成膏腴,实与居民有益等语"。

针对地方官提出的治河方案,皇帝往往还要派钦差进行核查,才能最后作出决策。嘉庆十二年(1807),南河云梯关外陈家浦漫口,由射阳湖旁趋海口,两江总督铁保、江南河道总督戴均元请改河道经由射阳湖入海。十月,嘉庆命托津偕刑部尚书吴璥驰赴南河会勘。嘉庆十三年(1808)三月,两江总督铁保筹办河湖要工,谕曰:"南河频年漫工叠见……当妥筹经久之计。著派协办大学士尚书长麟、戴衢亨驰驿前赴南河,悉心查勘。"四月,河东河道总督吴璥条奏洪湖周围应酌量补筑碎石坦坡,嘉庆命戴衢亨偕同长麟一并筹议。

2. 钦差对河务官员失职案的查处

因河务工程事关重大,如有差错,一旦发生事故,就将无法弥补,所以朝廷对河务工程要求非常严格。康熙曾经把河工与三藩、漕运并列,但仍有一些官员玩忽职守,造成重大损失。对此,朝廷派钦差进行详细的调查并给予严肃的处理。康熙十六年(1677)二月,九卿议覆差往验勘河工工部尚书冀如锡等上疏朝廷,称河道总督王光裕全无治河之才,以致河工溃坏,并疏请将王光裕革职,另拣贤能担任河臣,才会对河道有益,康熙遂革去王光裕总河任,派遣吏部侍郎折尔肯、副都御史金俊为钦差,前往会同新任总河察审。康熙十六年(1677)七月,刑部等衙门议覆,差往河工吏部侍郎折尔肯等上奏疏,原任河道总督王光裕莅任以来,不将堤岸修筑坚固,以致新旧堤岸屡屡冲决,淹没民田房产,至属员侵蚀冒销,又不题参,王光裕应革职,杖一百。原任淮扬道今升浙江按察使张登选、原任管河同知管尽忠,俱拟斩监候。康熙同意了此意见。虽然朝廷以派遣钦差来对河工及河臣进行监督,但也存在某些所派钦差对所办事宜毫无主张或担心承担责任而不做出决策,对于这些推诿或能力欠缺的钦差,朝廷要予以惩罚。康熙时,河臣靳辅与按察使于成龙论河工事,久未决,朝廷即命工部尚书萨穆哈、礼部左侍郎穆成额前会同江苏巡抚汤斌勘议。汤斌认为应该疏浚高邮、宝应等州县的下河,使积水逐渐归于大海,这样做"开一尺有一尺之益,开一丈有一丈之益"。钦差尚书萨穆哈等因靳辅欲於下河筑堤束水入海,因此还奏朝廷开浚无益。康熙二十五年(1686),汤斌升任礼部尚书至京,于乾清门陛见,当康熙询问到"下河开海口事",汤斌回答与以前相同,这样,萨穆哈、穆成额就罪责难逃了,康熙诘问二人,"各语塞",遂褫其职。乾隆六年(1741)七月,吏部右侍郎杨嗣璟奏,总理南河水利工程副都统德尔敏,大理寺卿汪漋"不谙地方情形,罔恤民间疾苦,或短发夫价,或任意放水,或将挑河之土,堆入民田,耗帑累民",请交督抚查核。乾隆即令总督杨超曾、河道总督高斌查明情由具奏。

朝廷对被派往督办河工的钦差,一般都十分信任,充分肯定钦差在河工中的作用,遇有地方官对钦差的指责或不满,也不会轻易对钦差产生怀疑。乾隆二十二年(1757),淮徐水患,乾隆认为徐州各处工程,必须亟为整顿,因督抚诸臣无暇兼顾,所以派遣梦麟等前往监修,六月两江总督尹继善奏言,开浚时,可以责成地方官办理,等完工后,再请钦差查验。尹继善的奏折中流露出对于由钦差督修河工的不满,对于尹继善的覆奏,乾隆大为不悦,认为"甚属乖谬,足见其因陋就简之锢习,始终牢不可破"。如今荆山桥茶城等工均已告竣,可见若实力筹办,自能奏效。若非特遣梦麟办理工程,就不会竣工如此之迅速。并谕曰,若梦麟等果有借端需索扰累及干与地方等事,即据实陈奏,不必隐约其词。

(二)治河的特殊钦差林则徐

林则徐作为一名民族英雄和清朝的名臣,注重实干,不崇尚言谈,以自己的实际行动在中华民族的危难时机敢于抵御外来强敌,敢于肃整腐朽的官场,敢于痛斥浮夸之风。在清朝统治大厦将倾、独木难支的危难时刻,他虽不能改变大局的走向,但他以一个知识分子的良知用尽全力、鞠躬尽瘁为中华民族的存亡而英勇地战斗,直到生命的最后一刻。在林则徐治水的活动中,同样体现了他大无畏的精神、崇高的品质、敢当重任的历史责任感。注重深入实际调查研究是林则徐的一贯作风。在河南治水期间,他深入一线,查阅治河档案,详细询问工情,仔细查验料物,亲自探视河势,深入体察民情。事事都能做到心中有数,深思熟虑和未雨绸缪。在组织兴修水利和治理河患过程中,更是忠于职守,躬亲任事,注重调查,虚心求教,尽心尽力,做到他常要求属下的"在官不可不尽心"。在自己主持的每一项水利工程完工时,他都要亲自验收,保证质量,不敢有丝毫大意。正如他说"不许稍有草率偷减,并不会假手胥吏地保稍滋弊窦"。绝不允许把水利工程修成贻害子孙后代的害民工程和黑心工程。

林则徐一生为官清廉,大公无私,无论身处何地官任何职都率先垂范、以身作则,自撰廉政牌以律己。他第一次在河南治水时,道光帝称赞他办事得力,"向来河工查验料垛从未有如此认真者""动则如此勤劳,弊自绝矣。作官者皆当如是,河工尤当如是"。道光二十一年(1841)六月,黄河在河南祥符(今开封)上汛三十一堡决口,当地河官和地方大员抢救不力,致使汹涌的黄河洪水直冲开封,造成全城被围,城内水深达五六尺。同时,汹涌的黄水还直下东南,横扫河南境内的陈留、杞县、通许、鹿邑、睢州、柘城等地以及安徽境内所属 5 府 23 个州县，黄滔所过，哀鸿遍野。当时河南巡抚牛鉴和东河总督文冲均束手无策，企图放弃开封迁民于洛阳，另立省城。朝廷急命大学士、军机大臣王鼎为总理河务。王鼎了解林则徐过去做过东河河总，熟悉河务，办事认真，处事有方，于是上疏朝廷请留在流放途中的林则徐襄办黄河堵口工程，得到道光皇帝的批准。但这时在鸦片战争中，由于投降派的诬害，民族英雄林则徐被扣上"办理不善"的罪名革职降级，充军新疆伊犁。道光二十一年（1841）七月，他怀着满腔悲愤踏上了谪戌边陲的万里行程。皇帝遂下特令"林则徐折回东河，效力赎罪"。林则徐用一首诗表达了此时的处境："尺书来汛汴堤决，叹息滔滔注九州。鸿雁哀声流野外，鱼龙骄舞到城头。谁输决塞宣房费，况值军储仰屋愁。江海澄清定何日？忧时频倚仲宣楼。"他接旨后日夜兼程前往祥符，到达后即与王鼎同住黄河六堡工地一线督导堵口工程，深入决口河段查看险情，提出具体堵口方案。王鼎完全赞同，急令所有官员抓紧干秋季节，一方面组织灾民筹备秸料，一方面调集人力进占口门，动工兴筑正坝、上边坝和下边坝三道挑水坝，并开挖引河。

这次堵口工程进行了 8 个月，对后世治河影响很大。决口合拢后，朝廷嘉奖王鼎晋加太子太师衔，其余在工文武，也均分别奖叙，唯独对治河贡献最大的林则徐则没有任何奖励和安慰。王鼎为此曾上疏道光皇帝，赞许林则徐襄办河工，深资得力，要求给他将功赎罪，免戍伊犁。但皇上不顾民意仍下圣旨："林则徐于合拢后，著仍往伊犁。"王鼎听旨后，泪如泉涌。所有官员无不面面相觑，众河工个个义愤填膺。而林则徐却反而神色自若，态度坦然。临别林则徐赋诗二首安慰王鼎："塞马未堪论得失，相公切莫涕滂沱。""公身幸保千钧重，宝剑还期赐上方。"林则徐为国为民，以天下为己任。身处逆境亦不失报国之心；身遭厄运仍关心民众；以获"罪"之身，治理黄河水灾，功绩卓著。林则徐爱国爱民，大智大德，疾恶如仇，实为启蒙先知，为官楷模，民族英雄，治河功臣。

综上所述，派往办理河工的钦差按照朝廷的要求监督河工，勘察河情,制订治河方案,及时汇报各种河工情况,对朝廷制定治河决策起到了积极的作用。治河钦差大多数为熟悉河务的大臣,他们利用自己的经验和智慧,尽可能地杜绝河患的发生,或比较有效地减轻了河患带来的灾难。一旦发生河患,其后果则比较严重,会造成人员伤亡,人们流离失所,因而河工办理得好坏会直接影响到清朝统治的稳定,朝廷对河工的重视也充分说明了这一点。投入巨大经费的河工问题不仅是经济问题,而且也是一个政治问题。而代表皇帝去完成对河务监督工作的钦差肩负的责任就异常重大了。

七、尹会一主政河南期间的政治作为

尹会一(1691—1748),字元孚,号健余,河北博野人,清雍正二年(1724)进士。曾任襄阳知府、扬州知府、两淮盐政、河南巡抚、左副都御史、江苏学政等职。他为官有政绩,特别是他在主政河南期间,政绩赫然,深受河南官民拥戴。

(一)主张赈济救灾,以稳定社会

尹会一在任河南巡抚期间,励精图治,非常注意察看民间疾苦。乾隆二年至四年(1737—1739),河南发生水灾,而且灾情十分严重,人民生活困难。尹会一及时采取了一系列措施对灾民进行赈济,"确查房屋倒塌之户,动用存公银两,分别极贫一两、次贫五钱,给以修茸之费"。而且动用常平仓谷,按照户口人数进行拨给,对于压伤人口者,加倍赈恤。针对因水灾而致使粮价高涨、百姓无力购买的现象,下令以平价售粮。并要求凡是灾后水退之处,速种晚荞,百姓无种子者,由官府借给种子,以弥补和减少灾害所造成的损失。

大灾之际,尹会一又上疏朝廷请求加赈。"惟是自冬至春,为日正长,真实穷黎,糊口维艰,请天恩加赈"。[①] 尹会一根据各地受灾的严重程度,在上疏中提出了具体加赈时间和始末及长短,分十月、十一月、十二月三次开赈,由五个月至三四个月不等。对于受灾户的情况是否属实,要求地方官吏进行调查与核对,以杜散赈之时的混冒现象,使得"无滥无遗,俾灾黎均露实惠"。[②] 另外,

---

① 《尹少宰奏议》中《题请加赈疏》
② 《尹少宰奏议》中《题请加赈疏》

对于那些因受灾而到他处觅食求生的流民,尹会一也提出了稳妥的处理方法。愿意回原籍者,照例给赈;因新到之地资生有望而不愿返回者,令所到之处地方官查明来历,随地安插,并动用常平仓谷,同样对其进行加赈。

尹会一采取的一系列赈济措施,有效地帮助灾民度过了艰难的灾荒时期,并且对稳定社会秩序、迅速恢复人民的正常生活及社会生产等都起到了很好的促进作用。以上均是尹会一在灾后为解决灾区实际困难而提出的短时期内见效快的举措,为了更全面、更彻底地帮助豫省灾区摆脱灾情的困扰,尹会一又提出了以下几点建议。

第一,请免关税以通商。尹会一请求"仰恳皇上天恩,敕令江南、山东督抚,如彼地商贾装载米麦粮食等项,贩至豫省粜卖者,其经由之正阳关、临清关免其收税,仍照例给以照票,令其运至歉收地方,以便粜买,俟明年麦熟后停止。庶商样争趋,粮食流通,于豫民有益"。① 尹会一根据灾荒地区的实际情况,主张开放各关口,免征商税,这样可激发商贾进行商业活动的积极性,将米麦粮食等更多地运至豫省,以解灾区缺粮的燃眉之急,同时使灾区百姓避免遭受商贾囤积居奇之苦。

第二,及时兴工代赈。"被水地方,有无业游民,平时本系佣工度日,一遇歉岁,毫无所事,专恃朝廷之赈济,安坐而食,殊非经理之道"。② 尹会一认为灾民仅仅依赖朝廷的赈济作为生计之源,易滋养惰性,由于灾后大批城垣衙署、文庙坛、仓库监狱、河渠堤岸、墩台营房、考棚驿号等工程项目都需要重新修建,因而他建议让这些人参加修建工程,使他们能够自食其力。尹会一提出的这种以工代赈的办法,实际上是继承了宋代政治家范仲淹和宋代科学家沈括的以工代赈的思想。

第三,酌量买运以备赈。尹会一主张对灾区宜提前"备赈",即提前调拨粮食至灾区,以防万一出现灾情,百姓发生饥荒,这样

① 《预筹民食事宜》
② 《预筹民食事宜》

就避免了灾后赈济时的慌乱与措手不及。"查被水州县,现贮常平漕社等谷,虽自一万余石至二、三万石不等,但受灾轻重不同,户口多寡各异,必须仓有余粮,而后缓急有备。……各州县,现贮谷石,如有不敷,即于本省不被水地方,先就路途稍近,舟楫可通之处,不论常平漕谷,酌拨运用,并动支帑项,委员采买麦谷杂粮,以资接济"。① 这里尹会一着重强调了"必须仓有余粮",对于各州县仓库储粮不足的,按照轻重缓急,调拨邻近粮食储备较多地区的粮食,以备不测。可谓有先见之明,防患于未然。

第四,多种菁菜以助食。尹会一不仅在救灾过程中主张放开关卡、免征关税、以工代赈以及加强对灾区的粮食运输,而且还采取积极主动的办法来帮助百姓度过灾荒,那就是鼓励农民在大灾之后广泛种植可供人们食用的菁菜,且由政府出资帮助灾民购买种子,以增强人们对付天灾的能力。在他所奏上疏中写道:"查得蔓菁一物,本系蔬属,四时皆有,春食苗,夏食心,秋食茎,冬食根。而秋后初所种者,根叶俱良。昔诸葛亮行兵,所止必令士兵种植。……目下正当播种之时……动支存公银两,购买菜子,发给贫民,令其广种蔓菁,以便不时采取。"②事实证明,这种方法是积极可用的。所以乾隆皇帝看了奏疏之后,立即让户部批准按其所陈四条实施。

在采取以上措施的同时,尹会一从国家政府这方面出发,从减轻灾民实际负担入手,提出了蠲缓钱粮的建议。他在乾隆四年(1739)八月十二日上疏的《题请蠲缓截漕疏》中说:"为漕期瞬届,水灾甚重,亟为题请蠲缓截留,以苏民困,以广皇仁事。"尹会一面对河南遭受的灾情,急令各道府官员遍加查勘,多方抚恤,由于漕期将至,他在对河南各地灾情的轻重程度进行了一番调查后,向朝廷提出了具体的请求蠲缓的办法:对于钱粮米豆等漕项,依照丁地的比例,按份数一同蠲免;除钱粮米豆以外,其他应纳漕项,也随丁地一体按被灾轻重分年带征;对于那些被水但未成灾的地

---

① 《预筹民食事宜》
② 《预筹民食事宜》

方,请求缓征其应纳漕项至次年麦熟之后;而未经被水的州县,请求将其漕粮截留本省,以备赈粜。蠲免赋税是历代救灾的一项重要内容,尹会一在河南大部分州县被水之际,奏疏朝廷请求蠲免河南受灾州县赋税,是有利于灾区百姓的,这对于减轻灾民负担,迅速帮助灾民恢复生产、重建家园,起到了很好的作用。

(二)主张开垦荒地、发展农业,种植经济作物

清朝自康熙以后,人口增长速度极快,河南也和全国其他地区一样,人口迅速增长。到雍正二年(1724),全国人口为125785000人,河南人口为9194879人,到乾隆十四年(1749),全国人口为182625000人,河南人口为13341269人。[①] 随着人口的增加,土地的开垦面积也越来越多,方便可供开垦处,基本上已开垦完毕,而所剩也多是较难开垦之地。尹会一对于河南的实情十分了解,他认为中州之地多为平原,幸遇国运昌隆,"生齿日繁",但土地面积却毫无增加,因此一旦遇到歉收,就对百姓生存构成威胁。针对这种情况,尹会一提出了扩大耕地面积的建议,即听民开垦较难垦之地,且永不起科。"所有荒地,嗣后听民开垦,免其升科,止令州县给与印照,永远收执管业,则小民俱无赔粮之虑,自生兴利之心,虽多费工本可望成熟者,将必勉力开垦。量其土所宜,或种五谷,或植树木,以尽地利,似于民生有利"。[②] 中原地带的民风淳朴,但却不善经营,无生财之道,因而土地就成为百姓生活的衣食之源,"其公私用度,皆藉于地之所产"。尹会一提出大面积开垦土地,这样生产出大量的粮食,才能满足百姓衣食之需,推动农业生产的发展。规定永不起科,同时又调动了农民的生产积极性。

尹会一不仅主张开垦荒地,而且还主张对旱地进行改造。中国北方传统的旱地农业,与南方水田相比,抵御自然灾害的能力较差,且收获低于水田。但因为旱地改水田也有其不利之处,使

① 赵文林.中国人口史[M].北京:人民出版社.1984:380、401.
② 《尹少宰奏议》卷二河南疏一《请免开垦升科疏》

得人们都不愿采取这种做法。而尹会一认为：如果将旱地改作水田，能够因地制宜，导水灌田的地方即进行凿井灌溉，百姓是可以多获利的。因此，尹会一为了改变这种状况，上疏请求"将豫省各属，可以改作水田之处，饬令有司，劝导百姓，因其自种之地，随其土性之宜，凡有旱地改作水田者，仍照旱地原额完粮，永不升科"。① 尹会一建议将有条件改造水田的土地进行改造，而且仍按旱地完税，这样，就使农民了解到旱地改水田的利处所在，既能够得到加倍的收获，又不必担心增加赋税，调动了农民改旱地为水田的积极性，提高了农业产量，同时达到了封建统治者所谓的"藏富于民"的目的。

尹会一在大力发展农业生产时，还鼓励种植经济作物。"树艺之宜之也。夫木之佳者，以桑为尚，其余如枣、梨、桃、杏、榆、柳、椿、杜等，均堪利用"。② 豫省多咸碱飞沙之地，因难以垦种，大半土地荒弃，但"村尾沟头，篱旁屋角，隙地颇多，虽不可播种五谷者，未始不可栽种树木"。③ 尹会一提出在豫省种植多种经济树木，一则可供民间食用，二则可以在灾荒中增强人民防御自然灾害的能力，又可改造生态环境。对于地方官在劝民植树方面有成绩的，还根据成绩大小，给予不同的奖励，一年之内，植桑五百株、梨枣一千株者，"给以花红"，三年内每年都添种如前数者，"给匾奖励"。尹会一能够对经济树木的具体数目做出规定，可见他对河南的实情考察得很细，这些措施使河南经济树木的种植增加很快，"今各府查报，一年之内，实在成活之树木一百九十一万三百一十四株"。④

尹会一还主张在农村推广织布技术，利用农村的妇女劳力，经营棉纺织布。一来可以免得商贩将棉花贩于江南，将布贩于豫省。二来可使农村妇女有工可做，创造社会财富。"民家有机杼

---

① 《尹少宰奏议》卷三河南疏二《请免水田升科疏》
② 《敬陈农桑四事疏》
③ 《敬陈农桑四事疏》
④ 《尹少宰奏议》卷六《奏报栽树成数疏》

者不得一,拟动用公顷制造给领,广劝妇女,互相仿效"。①

尹会一在巡抚河南期间,对河南的实际情况进行了多方调查研究,在救灾赈济及发展河南经济上,提出了自己的见解,并且进行了大量的实践活动,对于河南经济的发展、社会的稳定,都起到了积极的作用,作为封建社会的一名官吏,确也难能可贵,其某些做法,至今仍有启迪借鉴意义。

---

① 《清史稿·尹会一传》

八、清代人口激增的一般原因与根本原因

清代人口的激增是史学界和人口学界十分关心的问题,对清代人口激增的原因,学术界尤为注目。经过长期的讨论,"摊丁入亩"政策成了清代人口激增的主要原因。但笔者认为把"摊丁入亩"政策的实行作为清代人口增长的一般原因是可以的,如果把它作为主要原因是不够准确的,也是不够全面的。对清代人口激增原因的分析,既要从当时国内的历史条件来考察,又要从当时中国所处的国际环境来分析,这样才能得出比较合乎情理实际的结论。

(一)"摊丁入亩"对清代人口的影响

(1)"摊丁入亩"的内容及推行。康熙五十一年(1712)三月,康熙下诏:"海内承平日久,户口日增,地未加广,应以现在丁册定为常额,自后所生人丁,不征收粮税,编审时,止将实数查明造报。"①并规定交 1711 年的丁数 2462 万作为征收丁赋的固定标准,以后新增人丁称为"盛世滋生人丁",永不加赋。可见,"摊丁入亩"政策是针对人口激增的现象而制定的。

"摊丁入亩"是我国赋税史上的一次重大改革,它的进步意义在于,第一,它完成了我国历史上赋役合并,既人头税归并于财产税的过程。从原则上讲,无地的农民和工商业者不再负担丁银,相对减轻了困扰,有利于工商业的发展。第二,人头税并入田亩以后,使税额与负担能力挂钩。第三,将丁税确定为一个固定的

---

① 　清史稿.3546.

数额,既有利于封建国家财政收入的稳定,又使征收手续简便。第四,宣布"滋生人丁,永不加赋"有利于人口的增长、社会的稳定与经济的发展。"摊丁入亩"的推行无疑会得到无地或少地农民的拥护。

(2)"摊丁入亩"的局限性。"摊丁入亩"政策是封建的赋税制度,是为封建统治服务的,因此,有其阶级的局限性与欺骗性。有的人之所以认为"摊丁入亩"是清代人口激增的主要原因,就是因为未认识到它比较隐蔽的欺骗性,未弄清人头税与丁税以及人口与田亩税之间的关系,就是说只看到问题的表面现象,而未看到问题的实质。笔者认为,只有深入分析人口与赋税之间的关系,才能探明人口增长与赋税形式变换的关系。

首先,"摊丁入亩"是出自统治阶级的利益而推行的。当时的统治者认为"天下有贫丁而无贫地",因此,他们"恐民力不齐,贫户丁钱不能时输",才"稍均于地"。① 可见,清政府实行的"摊丁入亩"并不是一种"德政",而只是为了财政收入的稳定,改变一下征收方式而已。人丁是活动的,国家的控制能力有限,作为征税对象,收入并不稳定。田亩是固定的,作为征税对象是稳定可靠的。所以,与其在征税中逼逃贫民,造成社会不安定,影响税收和封建秩序,倒不如利用荒地吸引贫民。这说明统治者的征税方式越来越狡猾、越来越隐蔽了。统治者虽将丁税额确定了一个固定的数字,而实际上,随着垦田额的扩大,地丁税收入还会不断增加。这对统治阶级来说,是一举而数利,即稳定了赋税收入,又欺骗了劳动人民,以至现在我们有的人还在被欺骗,还在认为"摊丁入亩"是一项利民的措施。

其次,无地或少地贫民的负担并没有真正减轻。"摊丁入亩"没有改变封建的剥削关系,没有解决土地问题,正如孙中山对章太炎讲的"兼并不塞,而言定赋,治其末而已"。无地的农民租种地主的土地,其地租要占产量的 50% 左右,而且还要负担地主转

---

① 李缓《畿辅通志》《户口》序

嫁而来的各种临时加派的劳役。清政府对地主向佃农转嫁地丁负担的行为采取公开支持和怂恿的态度,公开宣称,"租无所出,赋从何来?"①有的地方政府甚至明令,"佃户输租时,每亩米加二升,银加二分,以助产主完丁之费"。② 如果说开始时"摊丁入亩"表面看来还有些积极意义的话,那么,随着时间推移,这种表面积极性也消失了,而成为统治阶级肆意剥削劳动人民的工具。清代的地丁收入在顺治时只有两千万两左右,康熙时便增至 2500 万两以上,乾隆初便又增至 3300 万两以上。③ 地丁税不断增加的事实证明了"摊丁入亩"并不会减轻劳动人民的赋税负担。

既然"摊丁入亩"不能减轻人民的负担,那么它对人口发展的作用可以说是有限的,不可能成为清代人口激增的原因。

(3)丁税对人口发展的影响。整个中国封建社会发展的进程证明,丁税并不是影响人口的最主要因素。当然,丁税对人口的增长有一定的影响。就其影响而论,有丁当然就得交丁税,但作为一个"丁",实际上他是可以用自己创造的财物在完成交税任务之后来维持生活延续的。在古代史籍中,至今还未找到因怕征丁税而溺杀男婴的记载;相反,女子不征丁税,而溺杀女婴的记载在史籍随处可见。如果说丁税对人口有影响的话,应从总体上来考虑。也就是说,封建国家的赋税总额减少了,丁税总额减少了,劳动人民的负担减轻了,丁税对人口发展起促进作用;反之,则会抑制人口的发展。为了进一步弄清丁税与人口发展的关系,我们可以分析一下丁税和农民收入的关系。被征丁税的 16 岁至 60 岁的男子,大部分是个体小农家庭的家长或主要劳动力,他们在以家庭为单位的小农经济中的地位举足轻重,丁税的轻重直接影响他们的生育愿望。我们首先考察清代丁税与小农收入的比例,在

---

① 梁绍壬《秋雨庵随笔》卷 7
② 《雍正浙江通志》卷 71,"户口"
③ 见彭云鹤《论清代的"摊丁入亩"制度》,载《北京师范学院报》1979 年第 3 期

顺治、康熙朝每公石米值 678 文[①]，按约 780 文制钱折银一两计[②]，顺治十八年（1661），每丁纳银 0.157 两，折钱 122 文，折米 0.18 公石，约为 0.178 清石，再加每丁纳粮数 0.0666 石，共需纳粮 0.244 石。按以上方法计算，康熙二十四年（1685），每丁须纳银 0.154 两，纳粮 0.127 石，共折合纳粮 0.229 石。康熙四十五年（1706），每丁须纳银 0.161 两，纳粮 0.116 石，共折纳粮 0.295 石。三时期平均数为 0.256 石[③]，按中国古代每户平均五口计算，每户有丁一至二人，按平均数 1.5 人计算，清代每丁平均有田 27.65～30.80 亩[④]，以每户平均耕种 40 亩计算，清代北方旱地平均亩产约一石，南方水田约两石[⑤]，北方每户按正常年份可收粮食 40 石，南方收 80 石，扣去占收入一半的地租，北方平均每户剩 20 石，南方剩 40 石。北方约是每户人丁税的 52.7 倍，南方则是 1054 倍。这是按全部租种别人的土地而言，若是有部分土地的自耕农，比例就更小了。清初有相当一部分自耕农，有些地方的农民还会有一些农副业，比例就会占得更小。不能否定，由于土地兼并或灾荒会引起小部分农民逃亡，逃亡者离乡出走，其死亡率增加，这对人口的增长不利。但另一方面，逃荒者摆脱了丁税的作用范围，又有增殖人口不受任何限制的方面。另外，由于编户不实，有相当一部分人不在编户之列，他们的生育愿望也不会受丁税影响，因此，丁税不会对中国人口的发展产生重大影响。

在中国封建社会中，由于生产技术及科学发展的限制，人仍是最主要的生产力。在政治上没有特权，在经济上缺乏土地和资料的小农，除了靠早婚多育以增加劳动人手扩大致富门路外，实在别无它途。在争取温饱的斗争中，他们不得不含辛茹苦、竭尽

[①] 彭信威.中国货币史：下册[M].上海：上海人民出版社，1965：351、529.

[②] 彭信威.中国货币史：下册[M].上海：上海人民出版社，1965：351、529.

[③] 顺治十八年和康熙二十四年丁银额引自《大清会典》卷三十，户部八。康熙四十五年丁银额转引自郭松义著《论"摊丁入亩"》载《清史论丛》第三辑

[④] 梁方仲.《中国历代户口、田地、田赋统计》.上海：上海人民出版社，1980，甲表 75251 页

[⑤] 余也非.《中国历代粮食平均亩产考略》.重庆师院学报，1980（3）

全力。不仅妇女作为劳动力不可缺少,连儿童和老人作为辅助劳动力也很重要。儿童作为纯消费人口的时间可以缩得很短,抚养费也可以压得很低,一般在五六岁,甚至更小的时候就开始做力所能及的事情,如拾柴、割草等。特别在当时由于医学发展的限制,婴儿的自然死亡率极高。为了保证血脉的延续,当然是孩子生得越多越好。在中国古代,一户有四五个孩子是比较常见的,但在由婴儿到成人的过程中,要有相当一部分中途死亡,所以,到了成年时,一家往往只剩两三个孩子的居多。历代史学家总以五口为每户平均口数,想必是考虑了这方面的因素。上面的论述主要还是为了说明丁税对人口发展并不能产生重大的影响。

另外,从史料中可以得知,中国封建社会的小农渴望增殖人口以增加劳动力。尤其渴望增殖男性人口,这当然是除了男童作为家庭辅助劳动力的作用外,成年的男子较成年的女子有着更大的经济价值、劳动价值和社会综合价值。在以男子为主的封建宗法社会,只有男子才能实现对小农经济发展具有决定意义的传宗接代,所以,增加男性人口是当时社会的普遍要求。中国小农的生育愿望不会因丁税而受影响。他们的生育愿望是,只要尚未超过他们所能承受的经济极限,他们就会最大限度地多生孩子,在超过经济承担能力时,他们会首先溺杀未来不征丁税的女婴,而保留未来征丁税的男婴。这就充分说明了人口增长不因征丁税而受重要影响。

主张丁税制度束缚我国古代人口增产的人认为"摊丁入亩"取消了丁税对人口增长的直接束缚,理由是"摊丁入亩"减轻了无地或少地农民的负担。其实,历史已经证明,"摊丁入亩"并不能减轻无地或少地农民的负担。我们知道,农业是中国封建社会国民经济的主要部门,而农民则是这个主要部门的主要生产者,是封建国家财政支出和地主阶级各种消费支出的主要负担者。当"摊丁入亩"把赋税由人丁税摊入田亩时,由于地主并不是生产者,而只是土地的主人,如果地主支付"摊丁入亩"这一部分赋税,这一部分赋税可有两种来源:一是地主削减自己原有的消费支出,二是将此额外支出转嫁到佃农身上。我们可以想象,由于地主阶段的反动性及其剥削阶级的本质,他们绝不会从自己身上割肉给封建国家,而自然会把这一额外支出转嫁到佃农身上。在中国封建社会,土地兼并一直都是非常严重的,由于土地的高度集中,造成大量无地或少地农民的存在,这部分失去土地的人为了生存就需租种别人的土地。地主们总是尽可能地提高剥削率,其地租往往高达50%。清政府也公开宣布"粮从租,租自佃交"。①而实际上,农民交地租时已经把地主支付的由丁税摊入田亩的赋税额都交了。

因此,清代地丁税的实行,无论如何都不会对人口发展起决定作用。同历代一样,丁税制度的改革只是统治阶级剥削人民方式的改变,并没有改变阶级剥削的实质,只不过是统治阶级的剥削手段越来越隐蔽罢了。如果说"摊丁入亩"对人口发展有影响的话,那就是开始时期的口号的作用和取消丁税后大量隐匿人口的查出使人口的表面数字猛增。

(二)清代人口增长的一般原因

在中国古代,由于小农经济广泛存在这个特点,决定了中国农业人口内在的无限制的增殖要求,从而增殖可达到它的生存边际的最大极限。因此,弄清中国封建社会每一时期的生存边际及何种因素决定此边际线,是研究中国封建社会人口数量和人口增殖速度的关键所在。

(1)政治上的稳定是影响人口增殖的重要原因。同以往的汉、唐、宋、元、明等朝代一样,清朝建立之初,社会由战乱逐渐进入稳定时期,稳定的社会形势是清代人口增长的最基本因素。空前大统一的的清王朝可谓是"既无外敌,又无内患",为人口的发展提供了一个理想的环境。但由于汉、唐、明等朝代也曾有这样稳定的政治环境,但都没有出现清代那样的人口激增。因此,政

---

① 梁绍王.秋雨庵随笔:卷七.

治的稳定只能是影响清代人口增长的一般因素。

（2）自耕农数量的多少也直接影响人口增长速度。经过明末农民战争，自耕农民大量增加，一是一部分佃农在战争中获得了土地，二是清政府大量扶植垦荒。自耕农的大量增加，是清初社会经济发展的重要原因之一，也是人口增长的重要因素。但从历史上看，秦末农民战争之后建立起来的汉朝、隋末农民起义之后建立起来的唐朝，以及元末农民起义之后建立的明朝，都有自耕农大量增加的事实，然而，这些朝代却都没有出现像清代人口激增的现象。

（3）与民休息政策与蠲免赋税。一般说来，历代统治者在建立之初，都是比较注意爱护民力的，汉初的"黄老政治"可谓是代表。清朝统治者在建立之初也实行与民休息政策。与民休息政策有利于人口的增殖，但因清代在这方面做得并未超出前代，与民休息政策也是清代人口增长的一般因素。蠲免赋税亦如此。

（4）传统生育思想的影响。在中国人口思想史上，多子多福的思想历朝历代都存在。从现有的古史资料来看，中国封建社会中的历代统治者都鼓励增殖人口，他们不仅把人口增长作为社会繁荣的标志，更有的还作为考核地方官政绩的标准。在这一点，清代统治者和前代的统治者是一样的。从人民方面来看，孟子的"不孝有三，无后为大"的思想仍然影响很深，多子多福的生育思想和前代一样，是人口增殖的一般原因。

既然上述因素都不能构成清代人口发展的主要原因，那么清代人口激增的主要原因又是什么呢？

（三）清代人口激增的主要原因

1. 中国人口增长与世界人口增长的趋势紧密相连

在 1640 年，英国爆发了资产阶级革命，加速了科学技术的发展，并进而促进了世界的联合。也正是在这个时期，出现了世界人口增长的共同高峰期。资产阶级革命虽然首先发生在英国，但它的影响是世界范围的。我们以同中国国情相近的印度进行对比分析,根据美国人口情报社编《1980年世界人口资料表》显示,1980年印度人口已达67620万,占世界人口的15%,作为世界第二人口大国。而在17世纪中期以前,印度(包括巴基斯坦和孟加拉)人口仅有1亿左右。当时的中国是全国性的农民战争刚刚结束,无法统计确切的人口数字,但根据现见到的史料来看,当时中国人口最多也不过1亿左右。也就是说中印两国的人口大体上相等。如果按1650年印度人口1亿来计算的话,到了1872年印度人口即增加了一倍多,这一时期印度人口的猛增也是印度历史上前所未有的。但印度并未实行像"摊丁入亩"那样的赋税改革。印度人口出现的增长高峰期,不是偶然的,它和此时中国出现的人口增殖高峰期是一致的,是当时历史条件下的产物,当然要真正揭示当时世界人口共同激增的奥秘,还要进一步进行深入的研究。

2. 医学的发展,使人口死亡率下降

中国医学的发展以李时珍《本草纲目》为标志可分为前后两个阶段。《本草钢目》公布以后,民间及官方的医疗条件逐渐改善。到了清代,一方面中医科学继续受到重视,同时又传入了一些西方治疗疾病的方法,并引起了统治者的重视。他对医学、解剖学都非常感兴趣,在宫中设有实验室[①]。他十分重视科学成果的运用,据记载康熙三十二年(1693)康熙患了疟病,服用各种药物均无起色,病患日渐严重,法国人洪若翰向康熙进献了金鸡纳(金鸡纳霜)药,遂请皇帝上进用,不日疟瘳[②]。为此,康熙帝召见了洪若翰等人,并给他们以优厚的赏赐。康熙皇帝还积极推广种痘免疫法。《庭训格言》中记载着这样一段话,"国人多畏出痘,至朕得种痘方,诸子女及尔等子女,皆以种痘得无恙。今边外四十九旗,及喀尔诸藩,俱命种痘,凡所皆得善愈尝记初种痘时,年

---

① 郭蕴静.清代经济史简编[M].郑州:河南人民出版社,1984:124.
② 樊国果.燕京开教录:中篇.37.

老人尚以为怪,朕坚意为之,遂全此千万之生命者,岂偶然也"。①这段话虽然是康熙为自己歌功颂德,但从中也可以看出康熙为使百姓免除疾疫所做的努力。可以说成西方医学的传入与中医科学的发展,改善了当时的医疗条件,使人口死亡率有所下降。

我们知道,医学是影响人类死亡率的一个重要变量,疾病是人类生存的大敌。考察人口尤其是考察和平时期人口的发展,医学的发达程度至关重要。在中国历史上,因温疫而造成大量人口死亡的记载不绝史籍,从汉代到清代全国范围内的大面积的疾疫不下 200 余次,②而史书所不载的小范围内的疾疫更多。虽然历代政府都设法控制瘟疫,但由于医学发展的限制,往往是收效甚微。直到清代,祛疫之法才初具规模。据一般统计,我国古代农村人口年死亡率一般为千分之二十五至千分之二十六,除印度之外,这实属之最高死亡率。③清代医疗科学的发展,使人口死亡率大大下降,因此,它是清代人口激增的主要原因之一。

3.农作物新品种的增加与人类食物结构的变化

在清代,新的农作物品种增加很快,尤其是美州高产农作物的传入和迅速发展,不仅扩大了人类的食物来源,而且成为决定清代人口增长的重要变量。①甘薯:原产美洲中部墨西哥、哥伦比亚一带,最初传入中国称蕃薯。据现在所知,最早把甘薯传入中国的是广东东莞县人陈益。《陈氏家谱》记载,陈益于明万历八年(1580)去安南,万安十年(1582)夏设法带薯种回东莞。在家乡试种成功,以后很快向各地传播。到了明末,广东、福建、浙江、江苏、河南等省都已开始普遍种植甘薯。进入清朝,甘薯的传播速度更快,除山西、甘肃二省外,其他各省在清初 100 多年间,亦即 1798 年以前,先后引进甘薯,并很快成为主要粮食作物之一。在一些地区流传着"一季红薯半年粮"的谚语。由于甘薯的产量高,

---

① 郭蕴静.清代经济史简编[M].郑州:河南人民出版社,1984:124.
② 邓云特.中国救荒史[M].北京:商务印书馆,1993.
③ 乔启明.中国农村人口结构及其消长.东方杂志,1935,32.

适应性强,所以得到迅速推广,并为人口的增长提供了食物保证(而实际上,一直到1977年以前,甘薯一直是北方人民的主要食物,大部分农民在一年之中有三分之一以上的时间以红薯为主食,有的地区食用时间占全年的五分之四)。②马铃薯:又名洋芋,原产南美洲,我国文献中所见记载最早是福建《松溪县志》,时间是1700年。马铃薯最早是从南洋群岛传入我国的,主要种植地区是黄土高原、内蒙古高原及东北部。马铃薯产量高,适应性强,传入中国后,很快成了当地人民的主要食物。如甘肃一些地区,现在还以马铃薯为主食。③玉米:原产美洲,很早就是美洲本地人的主要食物,在1492年哥伦布发现美州大陆以后,才传到旧大陆各国的。根据各省通志和府县志的记载,玉米最早传入我国的时间是1351年,地点是广西。到了明末(1643年止)。它已传播到河北、山东、河南、陕西、甘肃、江苏、安徽、广东、广西、云南十省。清初传播得更快,并很快成为当地人民的主要食物之一。如安徽《霍山县志》乾隆四十一年(1776)说:"四十年前,人们只是在菜圃里偶然种一、二株,给儿童吃,而现在已延山蔓谷、西南二百里靠它做全年的粮食。"玉米的大面积栽培是在18世纪下半叶以后,当时正是清代人口激增的时期。

因此,红薯、马铃薯和玉米等高产作物的传入,使人们原以稻米、小麦及五谷杂粮为主的食物结构发生了变化,增加了人们的食物来源,扩大了人类的生存边际,使中国传统的生育思想得到较为充分的发挥。这正是清代人口激增的真正原因。

综上所述,清代人口的激增是在世界人口增长的大趋势下,在清代医疗条件改善的情况下,在甘薯、玉米等传入中国并大规模地种植后,扩大了人们生存边际的历史条件下出现的。

九、为官楷模 治水名臣——
林则徐在河南的治水功绩及其影响

1842 年 8 月,林则徐在被充军去伊犁途经西安时,作诗《赴戍登程口占示家人》:"力微任重久神疲,再竭衰庸定不支。苟利国家生死以,岂因祸福避趋之?谪居正是君恩厚,养拙刚于戍卒宜。戏与山妻谈故事,试吟断送老头皮。"表明了只要是对国家对民族有利,即使牺牲自己的生命也心甘情愿,绝不会因为自己可能会受到祸害而躲避,这正是林则徐内心世界的真实写照。

(一)林则徐在河南治水期间的践行思想

林则徐作为一名清朝的名臣,注重实干,不崇尚言谈,在治水的活动中,注重深入实际调查研究。每到一地,他查档案,询工情,验料物,视河势,察民情,都能做到心中有数,深思熟虑,未雨绸缪。在组织兴修水利过程中,忠于职守,尽责尽力,真正做到了"在官不可不尽心"。对每一项水利兴修工程,他都躬亲任事,注重调查,虚心求教,亲自验收,保证质量。他说"不许稍有草率偷减,并不会假手胥吏地保稍滋弊窦"。

林则徐以科学的态度、创新精神和一丝不苟、扎扎实实的工作作风,给后人树立了榜样。他大胆地推广早已有效的抛石技术,对工程的质量要求非常严格,不使其有所偏差。

林则徐与农田水利结缘于其为官之初。林则徐为官之初,在京师七年的学习工作期间,不忘忧患,特别注意研究京畿一带的农田水利问题。他广泛收集元明以来几十位先哲有关兴修畿辅水利的奏议和著述,查阅内阁收藏的清代档案文件,认真思考前人提出的在京畿附近兴修水利、种植水稻的意见,酝酿并开始写作《北直水利书》。为了论证在京辅附近兴修水利、推广水稻种植的改革办法可行,他博引史籍、奏议、专章论述直隶土性宜稻,列举历代开治水田成效的事实。林则徐认为"直隶水性宜稻,有水皆可成田"①,通过大兴水利,广开水田,种植水稻,便可以满足京师一带对粮食的需求。主张京畿一带的农田水利建设是一项利国利民的"国计民生"问题。

林则徐在河南的治水事迹主要发生在其任职河东河道总督期间及贬戍途中的祥符堵口。道光十一年(1831)十月,由于林则徐政绩卓著,治水有方,擢升为东河河道总督,专管河南、山东的黄河、运河河务。这是林则徐在治水史上任务最繁重、最艰巨的时段,事迹最典型。他在《起程赴东河河道总督新任折》中主动提出,"查东河所辖运道岁办冬挑工程,此时亟应兴举,若俟到任后再行往勘,恐致迟误。臣现拟取道闸河,先行顺途履勘"。林则徐从江南来到"北国",正值朔风凛冽、河水凝冻之时,他在冰天雪地之中,周历运河工地之后,又风尘仆仆地奔赴黄河两岸,查料垛,督催土工,勘办春厢。

在运河工地上,他亲自查验水尺。经过调查访问,发现运河清淤工程开工已迟,就加倍添夫赶挑,以速补迟。在林则徐亲自勘查安排督促之下,工程进展顺利,南至滕汛十字河一带,北至汶上等汛,将所挑宽尺寸逐段丈量,验其灰印志桩。他对工程质量标准严格认真,一丝不苟。发现钜嘉汛挑工稍偏于东岸之处,"虽量明丈尺无差,并非弊窦,但不居中挑挖,侧注一边,则靠西浅处诚恐日久积淤,河身遂窄,不可不防其渐"。②他发现问题当机立断,责令该汛主簿徐恂停职检查,立即返工,务使工程标准一致。他身为河督,对清理路土等具体事项也亲自处理。他指出:"沿堤出土之路渐被泥浆抛撒,逐条冻积,名曰'泥龙',往往工段挑完而泥龙尚未除净,虽据各汛员弁禀称'向系全工完后一律起除',但

---

① 《开治水田有益国计民生篇》《畿辅水利议》光堵丙于三山林氏雕本
② 林崇墉《林则徐传》,台湾1967年3月初版

日积日多,饬工员押令夫役,凡挑完一段即起净一段泥龙。"①林则徐对豫鲁两省南北两岸 15 厅的 7000 个料垛,逐一查验完毕,掌握了大量的第一手资料,做到了心中有数。在黄河两岸工地上,他对河工修防,认为"河工修防要务,关系运道、民生最为重大,河臣总揽全局,筹度机宜,必须明晓工程,胸有把握,始能厘工剔弊,化险为平。为此必先周知其弊,乃可严立其防"。未雨绸缪是林则徐一贯的工作作风。

(二)林则徐在河南治水期间的创新思想

中华民族历史上有过许多伟大的创新,既有称誉世界的四大发明,更有支撑中华民族 5000 年文明的具有很强实用性的众多发明创造,这些发明创造是中华民族能够文明持续不断的动力和根本。林则徐在治水中的创新行为和创新思想就是其中的杰出代表。在提倡创新的今天,党的十六大报告中提出"创新是一个民族进步的灵魂,是一个国家兴旺发达的不竭动力,也是一个政党永葆生机的源泉"。② 党的十七大报告中提出"发展永无止境,创新永无止境"。③ 党的十八大报告提出"实践发展永无止境,认识真理永无止境,理论创新永无止境"。④ 并要求"全党一定要勇于实践、勇于变革、勇于创新"。⑤ 我们党的创新思想既是对历史传统的继承,更是在新时期对全党及全国人民的要求。林则徐作为近代中国"睁眼看世界的第一人",他以科学的态度、犀利的目光、缜密的思维对他所在时代的形势作出了比较正确的判断,对他所从事的各项工作都能坚持科学和创新的态度,尤其在治水过程中,他的创新理念和实践对成功治水起到了十分重要的作用,

① 《验催黄河挑工并赴黄河两岸》《林则徐集·奏稿》上册,19.
② 《全面建设小康社会,开创中国特色社会主义事业新局面——在中国共产党十六次全国代表大会上的报告》.北京:人民出版社,2002.
③ 《高举中国特色社会主义伟大旗帜为夺取全面建设小康社会新胜利而奋斗——在中国共产党十七次全国代表大会上的报告》.北京:人民出版社,2007.
④ 中国共产党第十八次全国代表大会文件汇编.北京:人民出版社,2012.
⑤ 中国共产党第十八次全国代表大会文件汇编.北京:人民出版社,2012.

为我们当代开展各项工作树立了典范。

在清代黄河（包括淮河）上御水的主要建筑物，是用秫秸修的"埽工"。他提出，秸料本为修防第一要件（物），而变为江河第一弊端。对这一弊端，他揭示得淋漓尽致："秸料每垛长至六丈，宽至一丈五尺，占地已多，故堤顶未能尽堆。惟头一层在堤上者谓之'门垛'，其余则为'滩垛'，为'底厂'。大抵'门垛'近在目前，多属完整。'滩垛''底厂'即为掩藏之数，最为蒙混。其显然架井虚空、朽黑霉烂者，固无难一望而知。更有理旧翻新名曰'并垛'，以新盖旧名曰'戴帽'，中填碎料杂草以衬高宽，旁插短节秸根以掩空洞，若非抽拔拆视，殊难悉其底里。"[①]而且秸料本身容易腐烂变质，需年年检验更换，工程耗资巨大。因此，林则徐一到工地验垛时，"总于每垛夹裆之中逐一穿行，量其高宽丈尺，相其新旧虚实，有松即抽，有疑即拆"。发现问题，就地处理。他表扬了上南厅所办的料垛最为高大结实，垛垛整齐可观。发现兰仪厅蔡家楼秸料有潮湿现象，尚未霉烂，即将该厅同知于卿保免职，责成接任同知邹鸣鹤逐垛拆晾，损耗由于卿保赔补，视赔补情况再作处理。后来，他又去蔡家楼查验晾晒赔补情况，满意作罢。对商虞厅料垛被烧一案，他赶赴现场，丈量垛印，进行调查分析，通知地方官访拿放火正犯惩办，并饬该厅赔补足数，将防汛厅各弁兵，分别降革饬审，务纠起火根由，获犯惩办以儆恶习而重工储。

林则徐不因循守旧，善于根据客观情况发现问题，大胆地进行革新。他清楚地认识到，当时的埽工是以秸料为主，但秸料易于腐烂，年年必须拆旧换新，并要随河势变化而加厢，负担是很重的。林则徐以前已有试用抛碎石以护堤根的做法。首先在南河通工，后开始于东河推行。先是北岸黄沁厅马营挑坝试抛石料，后推广至南岸兰仪厅柴坝十八埽以上河段试抛，效果很显著。接着，下北、祥河、曹考、中河、下南等厅相继要求在埽前加抛碎石以护根。但由于旧习惯势力作怪，朝廷并未能推广而陷于下马。具

---

① 《查验豫东各厅料垛完竣折》《林则徐集·奏稿》上册，第27页

有治水经验的林则徐认为："埽工势成徒立,溜行迅急,每易淘深,是以埽前之水辄至数丈,而碎石斜分入水,铺作坦坡,既以偎护埽根,并可纡回溜势……"。[①] 林则徐一方面查阅有关碎石档案,并亲自上堤查访勘察,"豫、东河堤多系沙土,不能专恃为固,堤单而护之以埽,埽陡而护之以石,……是碎石之于河工有益,实可断为必然,而非敢随声附和者也"。[②] 他下决心在东河推广石工技术,当年做到"巩固安澜",没有发生大的灾害。林则徐是积极倡导用石料修河的创始人之一。这是晚清河防工程的一大进步。至今天石料还是防汛的主要材料之一。

(三)林则徐在河南治水期间的为官品质

林则徐是中国近代史上最著名的政治家、军事家、爱国主义志士。他所处的时代,正是中华民族危机四伏的嘉道年间。在震惊中外的鸦片战争中,其曾任两广总督、禁烟钦差大臣,他不畏强暴,英勇不屈,维护了中华民族的伟大尊严,与外国侵略者进行了艰苦卓绝的斗争,收缴英国趸船上的全部鸦片,并在虎门销烟,大壮国威,为人们所崇敬。同时,他还是一位功绩卓著的治水名臣。林则徐为近代水利事业贡献出了毕生精力,是一位杰出的水利专家。在任期间,整顿盐务,兴办河工,筹划海运,采用劝平粜、禁囤积、放赈济贫等措施救灾抚民;亲自实地查验山东运河、河南黄河沿岸工程,提出改黄河由山东利津入海以根治水患的治河方案;致力兴修水利工程;疏浚"三江一河"等河道;河南开封祥符决口,前往堵决;伊犁开展水利屯田。"苦热不能寐,残灯还照河。行行有幽意,莫问夜如何",林则徐的这首《夜济》正是其内心的写照。

在近 40 年的宦海生涯中,他除了在中央任要职处,还在 13 个省任过重职。从北方的海河到南方的珠江,从东南的太湖流域到西北边陲的新疆伊犁,各地都留下了他治水的足迹,并且写下了《畿辅水利议》及大批有关治水的奏折。林则徐治水时间之长,

---

① 《访查东河抛护碎石工程情形折》《林则徐集·奏稿》上册,第 30 页
② 《访查东河抛护碎石工程情形折》《林则徐集·奏稿》上册,第 30 页

投入精力之多,贡献之大,是清代其他封疆大臣难以比拟的,在历史上也是少见的。在中华治水史上留下千古佳话。

林则徐一生为官清廉,大公无私。兴办水利,带头捐款;自撰廉政牌以律己,作为工作生活的行动准则。他反对腐败,不畏邪恶,对贪官污吏嫉恶如仇,敢于碰硬,处事果断。他第一次在河南治水时,道光帝称赞他办事得力,"向来河工查验料垛从未有如此认真者"①"动则如此勤劳,弊自绝矣。作官者皆当如是,河工尤当如是"。②

道光二十一年(1841)六月,河南祥符上汛三十一堡(今张家湾)黄河决口,由于当地河官和地方大员抢救不力,堵塞无方,使汹涌的黄水于堤顶漫坍,全河夺溜,洪水直冲开封。波涛汹涌,全城被围,城内水深五六尺。黄水直下东南,横扫河南境内的陈留、杞县、通许、鹿邑、睢州、柘城等地以及安徽境内所属5府23个州县,黄滔所过,哀鸿遍野。这样大的灾难,震动了整个朝野。这个时候,林则徐因禁烟被诬拟充军新疆。朝廷在急急之下,命当时的大学士,军机大臣王鼎为总理河务。当时河南巡抚牛鉴和东河总督文冲,均束手无策,企图放弃开封,迁民于洛阳,另立省城,拟弃城逃跑。王鼎到工勘议后,以淮海道朱襄继任河督。这次堵口工程,责由王鼎在工主持。由于文冲不谙河务,朱又刚上任,尚无治河经验。这时王鼎想到了林则徐过去干过东河河总,熟悉河务,办事认真。于是上疏留林则徐襄办这项堵口工程,得到道光皇帝的批准。但在鸦片战争中,由于投降派的诬害,民族英雄林则徐被扣上"办理不善"的罪名革职降级,充军新疆伊犁。道光二十一年(1841)七月,他怀着满腔悲愤踏上了谪戍边陲的万里行程。皇帝遂下特令"林则徐折回东河,效力赎罪"。林则徐奉旨后,思绪万千。既为黄水直冲开封,一片汪洋,百姓遭难而忧心,也为调令开封堵口而感慨。有诗为证:"尺书来汛汴堤决,叹息滔滔注九州。鸿雁哀声流野外,鱼龙骄舞到城头。谁输决塞宣房

① 《林则徐集·奏稿》上册,第28页
② 《林则徐集·奏稿》上册,第25页

费,况值军储仰屋愁。江海澄清定何日? 忧时频倚仲宣楼。"他日夜兼程前往祥符(今开封)。抵后当即与王鼎同住黄河六堡工地,在第一线督导堵口工程。

林则徐于八月赶到祥符工地,随即深入决口河段查看险情,提出具体堵口方案。王鼎完全赞同,急令所有官员抓紧干秋季节,一方面组织灾民筹备秸料,一方面调集人力进占口门,动工兴筑正坝、上边坝和下边坝三道挑水坝,并开挖引河。

施工中,林则徐虽无一官半职,只是个罪臣,但他心怀坦荡,仍然呕心沥血日夜奔波在工地上,与民工共甘苦,同商议,督促进度,强调质量。由于过度劳累,几次鼻疾复发,血流不止,又患腹泻,却始终坚持在堵口第一线。次年二月五日,堵口合拢前夕,王鼎举办庆功宴,恭请林则徐首座。王鼎表示,一定将林则徐的这一功绩如实上奏皇帝,请留林则徐继续在河工任职。七日上午,原宽三百零三丈的口门全部合拢,河水由引河回归故道。

这次堵口工程,为时 8 个月,共用帑银 600 多万两,是当时河南境内较大,也较著名的堵口工程之一,影响很大。合龙后,奉上谕:王鼎晋加太子太师衔。其余在工文武,也均分别奖叙。唯独自动工到合龙,深入工地"与士卒同畚锸"督导工程,立下奇功的林则徐则例外。为此,王鼎曾上疏道光皇帝,赞许林则徐襄办河工,深资得力,要求给他将功赎罪,免戍伊犁。但皇上传下圣旨:"林则徐于合拢后,著仍往伊犁"。① 王鼎听旨后,泪如泉涌。所有官员无不面面相觑,众河工个个义愤填膺。而林则徐却反而神色自若,态度坦然。临别林则徐赋诗二首安慰王鼎,"塞马未堪论得失,相公切莫涕滂沱。""公身幸保千钧重,宝剑还期赐上方"。林则徐为国为民,以天下为己任。身处逆境亦不失报国之心;身遭厄运仍关心民众;以获"罪"之身,治理黄河水灾,功绩卓著。林则徐爱国爱民,大智大德,疾恶如仇,实为启蒙先知,为官楷模,民族英雄,治河功臣。

① 《鸦片战争史料》第五册.天津:天津古籍出版社,1992,87 页

　　林则徐的一生,是坎坷不平的,不论在顺境抑或逆境中,他都是以国家和人民利益为先,不计个人得失,他那百折不挠、艰苦卓绝、为人民服务的高尚精神,永远值得我们学习。人人怀念着这位忧国忧民,以天下为己任,为水利事业鞠躬尽瘁、死而后已的"林青天"。林则徐一生的悲壮事迹,随着他的豪迈诗句"肝胆披沥涌幽明,亿兆命重身家轻。苟利国家生死以,岂因祸福趋避之"成为绝唱。林则徐病逝后,后人尊称其为林文忠公。陕西、江苏、浙江、云南、福建等地相继为林则徐建立专祠,以供民众敬仰。

十、清代改土归流政策对纳西族的影响

改土归流是清朝一项十分重要而且影响重大的民族政策,西南地区大规模的改土归流开始于1726年,这年云贵总督鄂尔泰在上奏雍正帝疏中说:"欲百年无事,非改土归流不可。"(改土司为朝廷派遣的流官)①雍正帝采纳了他的建议,并任命他为云、贵、广西三省总督,具体负责三省少数民族地区的改土归流事宜。鄂尔泰受命后,就在云、贵、广西三省进行大规模的改土归流。在改土归流过程中,鄂尔泰采取招抚和镇压相结合的政策,仅用五六年的时间,将土司改为流官统治的地区就有309处,至1731年,仅用五年左右的时间就基本上完成了改土归流事宜。

改土归流的进步意义是不言而喻的,这项政策的推行对少数民族地区的影响是十分深刻的,尤其是它对促进民族团结和边疆地区经济发展起到了十分积极的作用。这是多少年来专家学者们研究早已得出的结论。这些结论无疑是正确的。但随着历史的发展,当我们今天一些更新的政治体制一次次获得成功的时候,我们从学术的角度有必要回头再审视改土归流政策,以便从中获取有益的借鉴。

(一)改土归流政策对纳西族文化教育的影响

纵观前人对改土归流政策的研究成果,可以说过分强调了其政治方面的作用,而忽视了其经济、文化方面的影响。因为政治体制的改变可以在短期内完成,而经济文化方面特别是文化方面

---

① 《先正事略》(卷13)

的转化却需要相当长的过程。清朝是满族建立的少数民族政权，但它却继承了中原历代封建王朝的传统，全面推行儒化教育，在改土归流前，中原地区占统治地位的儒家思想已传入云南并与纳西族文化形成了冲突。为了在边疆地区强化儒学教育及思想，康熙三十六年（1697）孔子第 66 代孙孔兴询被派到丽江任通判，孔兴询到达丽江后曾说："因思变迁之道，必赖礼乐，礼乐之兴，在于文庙。"①他的想法代表了中原正统王朝的思想观念，他们要用儒家文化与中原风俗来改变边疆少数民族地区的文化和风俗，并且认为这才是历史的进步、社会的进化。随着改土归流的进行，清朝统治者即开始了大规模的文化改造，乾隆《丽江府志略》记载："丽江僻处极远，历代以来，亦止羁縻勿绝。且向隶土司，狉獉棒草昧之风未改……今幸得以夏变夷。"还载："边陲荒陋之地，忽化而文明……而其布化也，则必有方面守土之名臣，悉心经理，教训，正俗，而后百世千年之雅化，蔚然闻先焉。"清朝统治者用自己的观念来改造纳西社会，全然不顾纳西社会的实际。

改土归流政策实施后，清朝统治者在西南地区兴办学校，发展教育。兴办学校肯定是好事，但问题在于兴办教育、传播文化的目的是什么？清朝沿用的儒家教育是否是一种值得推广的进步教育？儒家教育对中国历史发展到底起了什么样的作用？在西南地区推行儒家教育对当地的经济文化发展起了什么样的作用？等等问题，应该引起人们认真的思考。

清朝在丽江兴办学校，被清廷认为是一项开化当地民众的重要工作。乾隆《丽江府志略》中说："谓移风易俗，非学不基，陶礼淑乐，非学不成。"《艺文志》中说："从来开扩风气，变易习俗之要，莫若文教。丽江地处西鄙，方语蛮音，历千百年来，不识诗书礼学为何事，文章德行，无从而来，不数年间，郡人士正自濯磨，群相淬励，骎骎乎化鄙陋之习，而闻弦诵之声矣。②纵观中国历史，我们知道以孔学为核心的封建教育体系，是一套严密的封建伦理体

---

① 《丽江府志》（乾隆年本）
② 杨福泉.多元文化与纳西社会[M].昆明：云南人民出版社，1998：102.

系,是以"三纲五常"为基础的封建礼教思想的全面灌输教育,这种教育对中华民族的发展和作用世人多有评价。今人著名哲学家张岱年先生曾经说:"清朝政府推行文化专制政策的结果,大大斫折了中华民族的元气,损害了中华民族的主动创造精神。中国国民性格中原来有的许多优点,因为封建专制的压抑,而逐渐萎缩下去。"①杨福泉先生在《多元文化与纳西社会》一书中说:"以这种文化专制政策为基础,以清代大力提倡的程朱理学、纲常名教为主要内容,以八股科举文章为载体的灌输教育,对纳西族这样一个文化背景、社会结构、民族心理与汉族有很多差异的民族来讲,无论在社会文化变迁和民族性格的扭曲变异方面,都引起了不少的副作用。"

(二)改土归流政策对纳西族风俗方面的影响

改土归流的重点是改变政体、推广儒教,除此之外,清朝政府还强迫纳西族移风易俗,改变长期以来形成的生活习惯。今天看来,这些移风易俗的措施有些是不符合实际情况的,有的是将自己的一些陋习强加给纳西人民的。

社会生活方面的改革影响最大的表现在婚丧嫁娶方面。从各方面材料来看,古代的纳西族社会的婚姻是自由的,东巴经中许多作品反映了纳西先民性爱自由的古风。东巴教祖师丁巴世罗自称曾与 99 个女子同居过,后又与女怪斯命麻左固松玛同居。东巴经书《用黑山羊除秽》中说:白部落之子美利董主之妻次抓金姻有一天去美利达吉神湖边汲水,在那儿与黑部落之子美利术主发生了性关系。在纳西古代神话中有许多故事讲到远古纳西族的祖先及先民有过多偶及性爱自由的事实。东巴经所记载的故事中经常提到"好男儿走遍九个村寨,结情侣到九个地方"。这种婚姻恋爱上的宽容古风至今一直保留在永宁、盐源、木里俄亚等地的纳西社会中。在改土归流前整个纳西族地区都一直保留了

---

① 朱涵钰.《基于 SaaS 采纳的产业链协同网络与协同能力评价研究》.北京邮电大学硕士论文,2014

男女婚前社交和恋爱自由的习俗。家长对子女婚前的自由恋爱不加任何干涉。但改土归流后,在婚姻方面将中原地区的有关男女关系的要求强行推广到纳西族地区。乾隆《丽江府志略》中说"今渐从汉礼"。裴毓麟《清代轶闻》卷一中就有"建文庙,定婚丧之制"等语。丽江知府朱廷襄是苏北人,在丽江地区推广以苏北模式为标准,遇有新妇出嫁,他的太太亲自到女家代为梳妆打扮,再补贴衣料费用,裁成汉装,并劝人以后不要再缝丽江旧式服式,婚礼则完全按汉族的"六礼"进行。[①] 这种政治一体化后要求的生活方式一体化可以说是清廷命官的重要任务。

在婚俗方面,清廷流官还对男子入赘、子女从母姓等习俗视为大逆不道和违背伦理道德而严加禁止。对过去纳西族等地存在的兄亡纳嫂等习俗更是视为违背天理人伦的行为。丽江在光绪年间曾制定"兄亡纳嫂为妻者,绞立决;知情者杖八十"的规定。[②] 这样在纳西族流行了几千年的多偶婚恋习俗和性爱上自由的古风被朝廷官员视为有伤风化、违背伦常的"夷俗恶风"。许多官员采取强制措施改变当地风俗,推行在内地演化数千年的儒家文化。而殊不知儒家文化经过数千年的不断发展变异,发展到清代其三纲五常已形成一套束缚个性、扼杀人性的"吃人礼教"。在清代,统治者推崇程朱理学,强化包办婚姻制,大力表彰节烈,强调妇女贞节观,号召妇女当节妇。而且重男轻女,强化封建家族及家长制,这些汉文化中的糟粕随着改土归流一股脑儿被强行灌输到丽江纳西族地区。

改土归流对纳西族社会的影响是极其深刻的。清朝统治者推行的"以夏变夷"政策在纳西族地区引发了两种不同价值观的激烈对抗。[③] 随着"以夏变夷",文化同化政策的强制性实施,纳西族青年男女首先成为封建礼教的牺牲品,性爱婚姻自由完全被剥

---

① 杨福泉.多元文化与纳西社会[M].昆明:云南人民出版社,1998:102.

② 朱涵钰.基于SaaS采纳的产业链协同网络与协同能力评价研究.北京邮电大学硕士论文,2014.

③ 黄金街·治丽篇言.

夺,纲常伦理使他们背上了沉重的精神包袱。纳西族大量的殉情调和苦歌就是清代以来产生的,这些殉情调倾诉了封建家长制、包办婚姻制、重男轻女等对青年的戕害,从殉情悲剧在纳西族地区发生的轻重情况不同也可以看出改土归流后对封建礼教的实施是殉情悲剧的重要原因。殉情悲剧以江坎地区农村居多,诸如拉市、黄山、白沙等地都是殉情发生较多的地区。其次是离坎区近的高寒山区,如泰安、龙山等,甚至发生多次殉情未死者被弄死的悲剧。特别是在丽江地区改土归流后统治者采取的极端的"以夏变夷"政策,造成了丽江纳西族地区社会文化的重大变迁。清朝统治者通过各种渠道向纳西族人民输入封建礼教,特别是包办婚姻、"三从四德"与妇女贞节观等儒家传统思想。乾隆《丽江府志略》记载:"乾隆二年,丽江已盖有忠孝馆、节义馆,还有众多'守节'的贞烈妇女。"①甚至到了民国时期,丽江纳西族还把私生子和未婚怀孕等视为败坏伦理道德的事情,有不少殉情的女性就是因为在婚前的自由恋爱中怀孕而走上自尽道路的。顾彼得在《被遗忘的王国》一书中谈到女子在婚前自由恋爱中怀孕是促使当事人殉情的重要原因时说:"因为养下私生子太丢脸,无论如何姑娘要被父母诛灭,唯一的出路就是殉情,其中从道义上讲他的情人是必须参加的。"②应该说这些现象与纳西族自远古流传下来的性爱和生育的观念是极其矛盾的,这种社会现象恰恰反映了受儒学影响毒害最深的自宋代时开始在内地流行的思想。

思想文化的变化对一个民族的影响是极其深刻的,大家知道,程朱理学的流行使南宋及其以后的各王朝不知出现了多少贞妇烈女,各地的贞女碑坊林立,这种现象一直到新文化运动和五四运动后才开始有所改变。但程朱理学这种思想传入云南后,由于其强大的影响力,以致造成殉情成为 20 世纪 50 年代以前丽江地区的重大社会问题。丽都被称为"世界殉情之都""亚洲自杀王国"。20 世纪 50 年代以前,常有一对甚至数对乃至七八对情侣一

---

① 杨福泉.多元文化与纳西社会[M].昆明:云南人民出版社,1998:102.
② 顾彼得.被遗忘的王国[M].李茂春,译.昆明:云南人民出版社,1991:85.

起殉情的重大悲剧发生。纳西族文化与儒家文化碰撞的结果是儒家文化取得了胜利,纳西族传统的观念被儒家思想观念所取代。

(三)改土归流政策对纳西族信仰的影响

纳西族信仰东巴教,东巴教是纳西族在处于氏族和部落联盟时期的原始信仰基础上发展起来的。其后,在各个不同的历史时期,纳西族的东巴教逐渐吸收了藏传佛教等内容,形成了一种独具特色的民族宗教与形态。东巴教信奉万物有灵、大自然崇拜、生命崇拜、重卜等,与中原的原始信仰极其相似,如商人和周人都有类似东巴教的信仰。注重探索人与自然的和谐是东巴教的主要特征。东巴教对纳西族的社会风尚和民族道德观念的形成起了十分重要的作用,纳西族重视人与自然和谐的思想是对社会发展有利的。体现纳西族这一思想观念的一个重要仪式就是祭"署",在纳西人长期与自然相处的过程中,他们把自然界概括为一个"署",东巴神话中说,人类与"署"原是同父异母的兄弟,但后来人类侵扰自然,污染河流,乱砍滥伐,滥杀野兽,冒犯了"署",结果人类与自然这两兄弟就翻脸,人类遭到了大自然的报复,灾难频繁。后来经神灵、东巴教祖师和神鸟"修曲"来调解,人类与"署"这个自然兄弟约法三章,规定"人类可以适当开垦一些山地,砍伐一些木料和柴薪,但不可过量;在家畜不足使用的情况下,人类可以适当狩猎一些野兽,但不可过多;人类不能污染泉溪河湖,劈山炸石"。① 在此前提下,人类与自然这两兄弟重续旧好。从此纳西族中就形成了祭"署"的传统,这其实反映了人类希望与大自然和平相处的愿望。许多地方的纳西族在砍伐用来建房的木料及开采山石后也举行小型的祭"署"仪式,向自然表示感激和抱歉之意。纳西族人民在长期的劳动和生活实践中,从生存的角度去理解自然界,这种认识有助于当地的生态环境保护。纳西人意识

---

① 杨福泉.原始生命神与生命观[M].昆明:云南人民出版社,1996:75.

到对大自然的过分索取会招来自然界的报复，所以爱护自然像爱护自己一样几乎是每一个纳西族人信奉的教条，人们用自己的一言一行来保护大自然，以求获得大自然的恩赐。在长期的生活实践中，纳西人形成了一些有益于自然环境的社会规则，如东巴教中常见的禁律有：不得在水源之地杀牲宰兽，以免让污血污染水源；不得随意丢弃死禽死畜于野外；不得随意挖土采石；不得在生活用水区洗涤污物；不得在水源旁边大小便，禁止随意狩猎，等等。这些规则可以说对纳西社会的发展具有积极的意义。而且与我们今天提倡的爱护大自然的口号完全一致。但改土归流后，儒学思想传播到纳西族地区，纳西族开始用儒家思想中的许多观念来看待社会。特别是随着人口迁移，纳西族居住地的人口不断增加，清朝统治者把纳西族这些传统的文化视为"鄙陋"和"狉獉草昧"，他们要用儒家思想和中原文化全面改造纳西社会，这种改造的结果是使纳西社会发生了全面而深刻的变化。

改土归流已经过去几百年了，但用历史的观点来审视它，尚有许多需要重新认识的地方。改土归流作为政治制度的变革是成功的，对社会的进步是起积极作用的。但由于历史的局限，不分青红皂白地对当地经济文化进行改革，应该说还有许多可以讨论的地方。在历史的发展长河中，只有正视和承认边疆少数民族在长期的发展中形成的许多有益于社会和自然的习惯与传统，才能有利于整个社会的进步。所以纵观云南明清时期的变化，用实事求是的观点分析云南社会的变迁有许多值得借鉴和参考的地方。

十一、《西游记》中的科幻思想研究

早在晚清时期,就有人评价《西游记》是一部"宜于凌虚"、太蒙头盖面的"科学小说"(《晚清文学丛钞》中侠人评)。《美国大百科全书》认为它是"一部具有丰富内容和光辉思想的神话小说"。《法国大百科全书》说:"全书故事的描写充满幽默和风趣,给读者以浓厚的兴味。"吴承恩在《西游记》中为后人展示了他的科学幻想天赋,对克隆技术、黑洞理论、进化论、纳米科技、飞行技术、汽车雏形、冷冻医学等都有深入的思考,给我们展示了现代科技和未来科技的发展前景。"西游科幻文化"启迪并代表着中华民族乃至全人类先进科学的未来发展方向,这已经是被科技发展史所证明了的铁的事实。在明代理学盛行、科技尚不发达的时代,吴承恩能在《西游记》创作中突破理学的束缚,用科学幻想的神话笔调反映科技进步的时代要求,阐发"人定胜天"的新的思想理念,实属难能可贵。吴承恩是 16 世纪杰出的神话大师和未来学家,是在中华民族古老文明的土地上崛起的人类现代科技文明的"预言家"。

(一)《西游记》与克隆技术

科学家把人工遗传操作动物繁殖的过程叫克隆,也称克隆技术。克隆技术不需要进行雌雄交配,只需从动物身上提取一个单细胞,用人工的方法将其培养成胚胎,再将胚胎植入雌性动物体内,就可孕育出一个新的个体。这种以单细胞培养出来的克隆动物,从原理上讲具有与单细胞供体完全相同的特征,是单细胞供体的"复制品"。目前,英国科学家和美国科学家已经先后培养出了"克隆羊"和"克隆猴"。克隆技术的实验成功，被称为"历史性的事件，科学的创举"，甚至可以和当年原子弹的问世相提并论。未来克隆技术发展当然也可以用来"复制"人，因而引起人们的广泛关注。克隆技术可以说像原子能技术一样是一把双刃剑，人类应用好了可以造福，应用不好可能给世界带来不可预测的灾难。目前，克隆技术已经历了三个发展阶段：第一个阶段是微生物克隆阶段，即由一个细菌复制出成千上万个和它一模一样的细菌而变成一个细菌群。第二个阶段是生物技术克隆阶段，如对DNA的克隆技术。第三个阶段就是动物克隆阶段，即由一个细胞克隆成一个动物。

克隆技术最早的运用设想是在中国。现代生物学界研究证明：自然界有两种生殖的形式，一种是有性生殖，在动物界基本上都是有性生殖，依靠雄性的精子和雌性的卵子相互结合产生出下一代。一种是无性生殖，普遍存在于低等动物、植物类，这种生殖不需要雄性和雌性，单个细胞通过自我分裂，就可以产生出一个新的下一代。《西游记》成书于约500年前，书中对克隆技术已经有了详细的描述，古代神话里孙悟空用自己的毫毛变成无数个小孙悟空的离奇故事，表达了人类对复制自身的幻想。孙悟空不但有神出鬼没的七十二变，更神奇的是他只要从自己身上拔出一根毫毛，放在嘴边一吹，就可以变出无数个跟自己一模一样的小猴子。人类属于高等动物，长期以来一直靠两性交合来完成繁育后代的任务。但在史前造人神话中，却普遍存在无性生殖的思想。在《圣经》中描述人类的来历时说："上帝先造了一个亚当，但亚当一个人生活十分寂寞，于是上帝取出亚当的一根肋骨创造了夏娃"。从生殖科学的角度看，夏娃就是亚当的复制品，而孙悟空也是自己生出自己来的，从现代科学范畴上讲都属于无性生殖。《西游记》第二回中，水帘洞洞主孙悟空遇到水脏洞洞主混世魔，见其手拿板大的钢刀，十分凶猛，"即使身外身法，拔一把毫毛。丢在口中嚼碎。望空喷去，叫一声'变！'即变作三二百个小猴，周围攒簇"。将那大小妖精，尽皆剿灭，十分厉害。一日，他来到傲来国兵器馆,打开库门,见里面无数器械,于是又如法炮制个"分身法",用一把毫毛变作千百个小猴,把个兵库"尽数搬个罄净"。①复制自身,这不就是克隆技术吗?所以说孙悟空是当之无愧的克隆技术的先行者。现代的克隆技术才刚刚开始,而《西游记》中所描述的克隆技术已经可以实现转基因克隆,不仅人可以克隆人,猴子克隆猴子,而且是猴子可以克隆成其他动物,还可以克隆成树。《西游记》第七回:孙悟空见佛祖"佛祖道:'你除了长生变化之法,再有何能,敢占天宫胜境?'大圣道:'我的手段多哩:我有七十二般变化,万劫不老长生,会驾筋斗云,一纵十万八千里,如何坐不得天位?'"孙悟空的七十二变,从传承来讲应是仿自女娲之七十化。西汉时著作《淮南子·说林训》云:"黄帝生阴阳,上骈生耳目,桑林生臂手,此女娲所以七十化也。"东汉学者高诱注:"黄帝,古天神也,始造人之时,化生阴阳……上骈、桑林皆神名"。"化"者,化育、化生之意。郭璞注《山海经·大荒西经》"女娲之肠"则云:"女娲,古神女而帝者,人面蛇身,一日中七十变。"在中国古代史籍中对无性生殖的记述体现了人类的一种生殖渴望。《西游记》中所描述的克隆技术可以说是中国古代几千年文明智慧的结晶,体现了古代中国人的高度智慧,流传在中国民间的谚语:"如果今世做了坏事让他下辈子做牛做马",也只有到克隆技术的高级阶段才能实现。也许真的有一天人类会用克隆技术代替法律对犯罪的人进行惩罚。从技术上讲实现转基因克隆,这可是克隆技术发展的高级阶段,也给现代克隆技术的发展指明了方向。

(二)《西游记》与黑洞理论

广义相对论认为黑洞是一种特别致密的暗天体。大质量恒星在其演化末期发生坍缩,其物质特别致密,它有一个称为"视界"的封闭边界,黑洞中隐匿着巨大的引力场,因引力场特别强以

---

① 吴承恩.西游记[M].郑州:中州古籍出版社,1995:13.

至于包括光子在内的任何物质只能进去而无法逃脱。与别的天体相比,黑洞显得太特殊了。例如,黑洞有"隐身术",人们无法直接观察到它,连科学家都只能对它内部结构提出各种猜想。那么,黑洞是怎么把自己隐藏起来的呢?答案就是——弯曲的空间。我们都知道,光是沿直线传播的,这是一个最基本的常识,可是根据广义相对论证明,空间会在引力场作用下弯曲。这时候,光虽然仍沿任意两点间的最短距离传播,但走的已经不是直线,而是曲线。形象地讲,好像光本来是要走直线的,只不过强大的引力把它拉得偏离了原来的方向。它主要由高速旋转的巨大的暗能量组成,它内部没有巨大的质量。巨大的暗能量以接近光速的速度旋转,其内部产生巨大的负压以吞噬物体,从而形成黑洞,暗能量黑洞是星系形成的基础,也是星团、星系团形成的基础。物理黑洞由一颗或多颗天体坍缩形成,具有巨大的质量。当一个物理黑洞的质量等于或大于一个星系的质量时,我们称之为奇点黑洞。暗能量黑洞的体积很大,可以有太阳系那般大。物理黑洞比起暗能量黑洞来说体积非常小,它甚至可以缩小到一个奇点。中国古代人对黑洞已经有相当深入的了解,这可以从赵州桥的传说中得到体现。近代社会十分流行的民间小戏《小放牛》中,有村姑与牧童问答的关于八仙之一张果老的一段词,这段唱词是:"赵州桥什么人儿修?玉石栏杆什么人留?什么人骑驴桥上走,什么人推车轧了一道沟?赵州桥呀鲁班爷修,玉石栏杆圣人留,张果老骑驴桥上走,柴荣推车轧了一道沟。"这里面有个传说故事,言鲁班修了座赵州桥(其实是隋朝著名工匠李春所造),张果老想试试石桥坚固与否,就约上仙人柴荣,他倒骑着驴,驴背的褡裢里放着"太阳"和"月亮",柴荣的独轮车里载的是"五岳名山"。二人一上桥,把桥身压得直晃动,紧要关头,鲁班跳到桥下,用双手把桥托住。二人带着日月和五岳大山顺利通过了石桥。如今桥面上有几处圆坑,人们说是当年张果老的驴蹄子印;还有一条沟痕,说是柴荣的车道印。原来这头驴驮了两个布袋装的是月亮和太阳,柴荣的独轮车里载的是"五岳名山"。那这两个布袋和独轮车可以说就是标准的黑洞。[①]

《西游记》第三十三回中:唐三藏西天取经,观世音菩萨欲考验师徒几人是否真心往西天去,三借老君童子,终借得替太上老君看守金炉与银炉的两童子,托化妖魔,偷执紫金红葫芦、净瓶等,阻挡于西天路上。孙悟空夺了葫芦、净瓶等宝贝,将两妖魔化入其中后,太上老君亲来收回宝贝,救出两童子,自回了大罗天兜率院。大圣被老君收了众宝贝,寻思:"这菩萨也老大悫懒!当时解脱老孙,教保唐僧西去取经,我说路途艰涩难行,他曾许我到急难处亲来相救。如今反使精邪掯害,语言不的,该他一世无夫!若不是老官儿亲来,我决不与他。"不岔,终在老君紫金红葫芦上动了手脚。老君回转兜率院,紫金红葫芦摆于案上,突的腾空而去,遗失地仙界。童子甚急,老君却有言:"终非我之物!"遂不理会。羊脂玉净瓶在《西游记》的描述中为观音菩萨所有,内有空间可装五湖四海之水。此水可使枯木回春,《西游记》中孙悟空弄坏的人参果树就是用此瓶中之水使之枯木回春的。紫金红葫芦和羊脂玉净瓶就是"黑洞武器",也是《西游记》中最尖端的武器,把本事通天的孙悟空装进去一时三刻也能化血为浓。足可见黑洞武器的厉害。[②]

现代人类对黑洞的研究才刚刚开始,也许在未来某一天人类真的开发出了黑洞武器。现代科学的发展已经说明实现吴承恩《西游记》中的幻想不再是梦。

(三)《西游记》与进化论

生物进化论是当今世界不可动摇的理论之一。进化论的提出者达尔文是19世纪诞生在英国的一位伟大的博物学家。1831年他以博物学家的身份和带着考察研究的目的参加了海军"贝格尔"号战舰的环球航行。在南美洲地区航行的5年时间,给他对热带与亚热带动植物进行广泛的考察提供了便利条件。1836年

---

① 老农,杨永春.张果老倒骑毛驴[M].北京:中国和平出版社,2008:5.
② 吴承恩.西游记[M].郑州:中州古籍出版社,1995:227.

达尔文回国以后,他根据对生物界大量的观察和实验结果得出结论,认为物种的形成及其适应性和多样性的主要原因在于自然选择,生物为适应自然环境和彼此竞争而不断发生变异,这种变异通过遗传而逐代加强,反之则被自然淘汰。他发现了一套轰动全世界的生物进化理论——物竞天择,适者生存,优胜劣汰,从而奠定了进化生物学的基础。他也将进化论用于对人类发展的思考,研究人类在动物界的位置及其由动物进化而来的依据,得出了人类起源于古猿的结论。达尔文在《物种起源》一书中提出人类起源于古猿的理论,经过学术界和宗教界激烈的大动荡、大争论后渐渐被科学界所接受。这一结论也得到马克思和恩格斯的高度赞同,并认为劳动在由猿到人的进化中起了决定性的作用。现代古生物学家通过对古生物化石的研究,在达尔文进化论学说的基础上,完善了现代人类起源学说。研究证明,人类是古猿经过数百万年的时间进化而来的。这一理论从胚胎学、比较解剖学、现代生物学及生物化学等学科中也寻找到了证据。科学家们推测地球生物进化的程序是无脊椎动物到脊椎动物再到哺乳动物再到灵长类动物再到猿猴类动物最后到人类。人类由哺乳动物进化而来,这是目前科学界的共识。

在达尔文的进化论提出之前300多年成书的《西游记》就相当于一部形象化的自然和人类进化简史。《西游记》开篇写孙悟空的来历时说,花果山上"有一块仙石,其石有三丈六尺五寸高,有二丈四尺周圆。三丈六尺五寸高,按周天三百六十五度;二丈四尺方圆,按政历二十四气;上有九窍八孔,按九宫八卦。四面无树木遮荫,左右倒有芝兰相衬。盖自开天以来,每受天真地秀,日精月华,感之即久,遂有通灵之意。内育仙胞,一日迸裂,产一石卵,似圆球样大,因见风化作一石猴。五官俱备,四肢皆全。便学爬学走,拜了四方。"①这段语言实际上给我们描述了物质世界的进化过程,与现代科学实验验证的结果是完全一致的。《西游记》

① 吴承恩.西游记[M].郑州:中州古籍出版社,1995:2.

前七回就是写从一个猿猴怎样学习最后成为人的过程。在《西游记》中多次出现妖怪被照妖镜或金箍棒打回原形的场面。《西游记》第五十八回中讲到："（玉帝）宣托塔李天王，教把照妖镜来照这厮谁真谁假，教他假灭真存。"①在中国古代文学作品中经常出现各种动物成精变成人的现象，特别是狐狸精变成美女的故事不胜枚举。照妖镜更是最简便的一个"时光机器"，把动物几千万年甚至几亿年的进化一瞬间就完成了还原。充分显示了中国古代人的想象力和智慧。

中华民族自古以来就是一个智慧和伟大的民族，早在5000年前就创造了光辉灿烂的文化，在两千多年前的春秋战国时期更是出现了"百家争鸣"的学术局面。出现了老子、墨子、孔子、庄子、孟子等一大批思想家、科学家和政治家，使当时中国走在了世界的前头。但自秦朝统一六国之后，焚书坑儒，实行思想专制，在以后的两千多年岁月中，历代封建统治者视科学技术和发明创造为"奇技淫巧"和雕虫小计。特别在隋唐以后统治者更是将读书人引入科举考试的轨道，读书人只知读入仕和治国有关的书籍，而科学离读书人似乎越来越远。但蕴藏在劳动人民和民间的巨大智慧却在不断地去追求、创造和幻想着人类美好的未来。《西游记》中给我们展示的科幻场面正是这些思想长期积累的结果。

---

① 吴承恩.西游记[M].郑州:中州古籍出版社,1995:402.

十二、吴承恩与达·芬奇比较研究

16 世纪人类的智慧之光在东西方几乎同时出现,西方出现了莎士比亚、塞万提斯和达·芬奇,中国出现了吴承恩、罗贯中和汤显祖。莎士比亚、塞万提斯和达·芬奇的作品早已成为西方文学、艺术和智慧的象征,吴承恩、罗贯中、汤显祖的作品也早已传遍东方并成为东方文学的代表和骄傲。文学与艺术历来是科学的先导,同时出现在东西方的智慧之花因土壤不同而结果也大不相同。

(一)吴承恩与达·芬奇生活在同一时期却有着不同的时代背景

吴承恩与达·芬奇都生活在 15—16 世纪,但两人所处的时代既有相同之处有又着很大的区别。达·芬奇所处的 15 世纪的欧州正是文艺复兴的黄金时期,文艺复兴时代是人类历史上一次从来没有经历过的最伟大的进步和变革,是一个需要巨人而且产生巨人的时代。文艺复兴是一场光彩夺目、百花齐放的思想文化运动。文学、思想、自然科学等众多学科都取得了丰硕与辉煌的成就,展示出资产阶级在上升时期的革命热情和首创精神。文艺复兴运动是遍及欧洲的一场思想解放运动,它宣扬人文主义,其核心是肯定人,注重人性,要求把人与人性从宗教束缚中解放出来,对解放人们思想,发展文化、科学起了巨大历史作用。今天大多数历史学家认为文艺复兴代表了理性思考和思想的巨大变化,而不是物质上的巨大变化。与文艺复兴相伴的宗教改革运动不仅对宗教神学作了深入的批判,而且提出了符合资产阶级需要的神学体系,即新教教义。宗教改革运动后,欧洲各国摆脱了教廷的政治干涉和经济剥削,使国家机构走向世俗化,新的世俗制度在西欧兴起,是一个与中世纪彻底决裂的时代。

文艺复兴促进了欧洲近代文化的发展和自然科学的兴起。恩格斯高度评价"文艺复兴"在历史上的进步作用:"这是一次人类从来没有经历过的最伟大的、进步的变革,是一个需要巨人而且产生了巨人——在思维能力、热情和性格方面,在多才多艺和学识渊博方面的巨人的时代。"①欧洲文艺复兴的重大意义在于促进了西方精神文明的发展,进而又促进了物质文明的发展。

在15—16世纪的中国,一方面是明朝经过上百年的发展在经济上达到了繁荣,文化上也取得了发展,但同时从秦始皇开始一直到明朝中期在经历了1700年发展的中国封建专制统治制度也达到了高峰,人们的思想禁锢也越来越紧,新思想往往刚一萌芽就被统治者扼杀。统治者唯恐生产力的发展带来阶级力量的变化进而危害到其统治基础,因此科技发明和创造被视为"奇技淫巧"和雕虫小技。

纵使是改变了人类历史发展进程的四大发明,其发明发现与封建专制统治和知识分子也没有多少关联,而是和普通劳动者密切联系在一起的。中国古代文化在春秋战国时期形成了各自的流派,各种史书对自己流派的思想发展都有较为详细的记载,但各流派资料中都没有关于四大发明的记载,看来四大发明在中国古代是不被知识界重视的。用我们今天的话说,也就是四大发明是民间创造的。比起用这些创造印刷的圣贤书而言活字印刷只不过是个工具而已。中国古代知识分子的任务是读圣贤书,而不是内心印书的工具。有句话叫"两耳不闻窗外事,一心只读圣贤书""书中自有黄金屋,书中自有颜如玉"。这也许是毕昇永远想不到的,活字印刷在中国古代方便传播知识的同时,使多少知识分子变成无数个范进。一种知识的传播是解放人们的思想,一种知识的传播是禁锢人们的思想。读《四书》《五经》和参加科举考

---

① 中共中央马恩列斯著作编译局编.马克思恩格斯选集:第四卷[M].北京:人民出版社,1972:262

试成为读书人的唯一目标和出路。四大发明的命运也从另外一个角度说明了在封建专制统治下科学的命运与无奈。吴承恩在科举的道路上攀登过、追求过,也许他骨子里的科学素养影响了他的科举道路,影响了他的人生选择。因此吴承恩和达·芬奇对科学和艺术的追求与探索因历史背景不同而呈现出不同的道路和特点。

(二)吴承恩与达·芬奇有相同的文学与艺术天赋

吴承恩的家乡淮安所处的地理位置和佛罗伦萨有很多相似之处。在创作和出版以及传播《西游记》的淮安,由于运河文化的影响,在吴承恩生活时期不仅是经济富裕、商贾云集、人文荟萃和文化发达的地方,而且也是明清小说创作盛行的地方。《三国演义》《水浒传》《老残游记》《镜花缘》等,这些明清小说中杰出的文学作品,都能在这里找到它写作和出版的历史痕迹。如果从西方文艺复兴来说,佛罗伦萨不愧为欧洲文艺复兴的摇篮的话,那么500年前的淮安也不失为东方文艺复兴的诞生地。这里奠定了中国古典小说和近代文学的基础,出了一大批杰出的文人学士,仅河下一镇就出了几十个进士和状元。其中明代状元孙坤、清代大学士丁晏、近代金石学家罗振玉等,都是值得称颂的文化名人。因此,淮安并不比佛罗伦萨逊色,只是由于历史条件的限制而错过了这次东方文艺复兴弘扬和发展的极好机会。

500年前的西方文艺复兴,艺术和文学是主要的表现形式,而《西游记》是一部将艺术和文学尽包含在内的世界名著,与雕塑和美术作品相比,更具有携带方便、传播迅速的特点。其可读性、感染力都很强。二者的成果是有形与无形画面的区别。吴承恩的所有设想全部是无形的,全部处于幻想和想象之中,全部在吴承恩心中。《西游记》成书以后的500年间对人们产生的巨大吸引力往往被认为是唐僧西天取经的故事和孙悟空的智慧形象,其实是蕴藏在书中的科学精神和哲学思想。达·芬奇在欧洲文艺复兴时期的环境中,他不仅可以大胆地想象,而且可以大胆地实践。

有人这样评价他，"上天优势将美丽、优雅、才能赋予一人之身，令他之所为无不超群绝伦，显出他的天才来自上苍而非人间"。① 他是一位思想深邃、学识渊博、多才多艺的美术家、雕塑家、建筑家、工程师、机械师、科学巨匠、文艺理论家、大哲学家、诗人、音乐家和发明家。他在几乎每个领域都做出了巨大的贡献。后代的学者称他是"卓越的文艺复兴家"②，是一位"旷世奇才"③。在艺术创作方面，达·芬奇解决了造型艺术三个领域——建筑、雕刻、绘画中的重大课题。达·芬奇的艺术作品不仅可以像镜子似的反映事物，而且还以思考指导创作，从自然界中观察和选择美的部分加以表现。壁画《最后的晚餐》、祭坛画《岩间圣母》和肖像画《蒙娜丽莎》是他一生的三大杰作。这三幅作品是达·芬奇为世界艺术宝库留下的珍品中的珍品，是欧洲艺术的拱顶之石。达·芬奇反对经院哲学家们把过去的教义和言论作为知识基础，他鼓励人们向大自然学习，到自然界中寻求知识和真理。他认为知识起源于实践，应该从实践出发，通过实践去探索科学的奥秘。他说"理论脱离实践是最大的不幸""实践应以好的理论为基础"。达·芬奇提出并掌握了这种先进的科学方法，而后进行科学研究，在自然科学方面作出了巨大的贡献。他提出的这一方法，后来得到了伽利略的发展，并由英国哲学家培根从理论上加以总结，成为近代自然科学的最基本方法。

达·芬奇坚信科学，厌恶宗教，抨击天主教那些掌权的为"一个贩卖欺骗与谎言者"。他说："真理只有一个，它不是在宗教之中，而是在科学之中。"他还说："谁要靠引证权威来辩论，他就是没有运用理智。"④他的这句话正好体现了文艺复兴的思想原则：运用自己的理智，运用自己的头脑，运用自己的判断力，而不是人

---

① 王刚.全能的天才：达·芬奇画传[M].长春：时代文艺出版社，2010:2.

② 詹姆斯·赫伯特著.达芬奇传.董莉珍，译.香港：三联书店（香港）有限公司，2005:18.

③ 晓玲.达·芬奇的广博与创新[M].北京：东方出版社，2008:7.

④ 外国自然科学哲学资料选辑：第6辑.上海：上海人民出版社，1965:47.

云亦云,不加思考,把所谓神定论视为超越一切的绝对权威。这就为思想的进步扫清了前进的障碍,从此"礼拜堂日趋没落,实验室欣欣向荣"。[①] 达·芬奇的实验工作方法为后来哥白尼、伽利略、开普勒、牛顿、爱因斯坦等人的发明创造开辟了新的道路。

(三)吴承恩与达·芬奇有相同的科学创新精神

吴承恩与达·芬奇有着相同的科学幻想天赋与创新精神。达·芬奇在生活的各个领域,如艺术、医学、建筑、机械等,都体现着他的创新思想。达·芬奇在解剖学和生理学上也取得了巨大的成就,被认为是近代生理解剖学的始祖。他掌握了人体解剖知识,从解剖学入手,研究了生理学和医学。他最先采用蜡来表现人脑的内部结构,同时也是设想用玻璃和陶瓷制作心脏和眼睛的第一人。他发现了血液的功能,认为血液对人体起着新陈代谢的作用。他说血液不断地改造全身,把养料带到身体需要的各个部分,再把体内废物带走。达·芬奇研究过心脏,他发现心脏有四个腔,并画出了心脏瓣膜。他认为老年人的死因之一是动脉硬化,而产生动脉硬化的原因是缺乏运动。后来,英国的威廉·哈维证实和发展了达·芬奇的这些生理学成果。达·芬奇在手稿中甚至绘制了西方文明世界的第一款人形机器人,他赋予了这个机器人以木头、皮革和金属的外壳。而如何让机器人动起来,才是让达·芬奇大伤脑筋的。在达·芬奇的构想中,他想到了用下部的齿轮作为驱动装置,由此通过两个机械杆的齿轮再与胸部的一个圆盘齿轮咬合,机器人的胳膊就可以挥舞,坐或者站立。更绝的是,再通过一个传动杆与头部相连,头部就可以转动甚至可以开合下颌。而一旦配备了自动鼓装置后,这个机器人甚至还可以发出声音。因此 500 多年前,就已经有了机器人的雏形。达·芬奇的研究和发明还涉及到军事和机械方面,他发明了飞行机械、直升机、点燃现代汽车发明灵感之火的"达·芬奇汽车"、降

---

① [法]费尔南·布罗代尔[M].资本主义论丛.顾良、张慧君,译.北京:中央编译出版社,1997:32.

落伞、机关枪、手榴弹、坦克车、潜水艇、双层船壳战舰、起重机,等等。达·芬奇的这些设想有的在当时就进行了实验,有的在达·芬奇手稿中保存了完整的构思和设计。

与达芬奇相比,吴承恩的科技创新思想只能停留在幻想中,只能写在《西游记》的章回中。《西游记》对现代科学的前沿理论如克隆技术、黑洞理论、进化论、纳米科技等都有涉及。自从世界上有了纳米这个词语,就标志着人类在科技应用领域创造了最"微"的奇迹。此技术打造出了未来型"微武器",各种导弹等甚至能装进孩子们的口袋里。其实发明这一技术的现代人有所不知,纳米技术的应用在《西游记》中就已经有记载了。在孙悟空三借芭蕉扇的故事中,孙悟空就曾化作小小飞虫钻入铁扇公主的肚子里,智取了扑灭火焰山大火的芭蕉扇,得以顺利护送唐僧去西天取经,这就是最早的纳米战争战例。在艺术和科学方面的创造,吴承恩侧重原理性的思考。在《西游记》中孙悟空作为中国历史上第一批飞行员的杰出代表,经过长期的刻苦训练,最终练成了前不见古人后不见来者的飞行技术。《西游记》中向人们展示了未来汽车的雏形,哪吒脚踩风火轮便是最好的佐证。顺风耳作为一名不起眼的小卒,不自甘平庸,不怨天尤人,而是一直默默地潜心研究声波原理,为后人发明电话提供了十分珍贵的第一手资料。《西游记》中展示了冷冻医学萌芽:唐僧师徒路经乌鸡国时,唐僧夜里被乌鸡国国王托梦,说他3年前被妖道推到井里害死,夺去了他的王位,后来这位国王被孙悟空救活。书中假借井龙王的口说:"自到井中,我与他定颜珠定住,不曾得坏。"[①]其实哪里会有什么定颜珠,这就是冷冻医学。

所以,吴承恩与达·芬奇都是同时代人类历史上最杰出的科技创新思想的杰出代表。因发展方向不同,后人对二人的评价重点也不相同。对达·芬奇是评价他这个人,达·芬奇侧重艺术的体现、具体的发明和创造。

---

① 吴承恩.西游记[M].北京:华夏出版社,2013:356.

　　孙悟空号称"齐天大圣",可以说是吴承恩笔下的集高科技于一身的一个化身,孙悟空敢作敢为、敢想敢干。他在取经的路上利用高科技降妖除怪,屡建奇功,然而三番两次被师傅唐僧误解、驱逐。孙悟空的经历也衬托出科学在封建专制统治下的磨难。吴承恩也许想以此来表达自己内心的压抑与无奈。以至于成书后连署名都遮遮掩掩,让后人猜来猜去。而达·芬奇就不同了,达·芬奇长达1万多页的手稿(现存6000多页)至今仍在影响着科学研究,他就是一位现代世界的预言家,而他的手稿也被称为是"一部15世纪科学技术真正的百科全书"。他们二人都是人类历史上最伟大的科学预言家。吴承恩在《西游记》中已经给我们展示了现代科技和未来科技的发展前景。"西游科幻文化"启迪并代表着中华民族乃至全人类先进科学文化的未来发展方向,这已经是被科技发展史所证明了的铁的事实。在明代理学盛行、科技尚不发达的时代,吴承恩能在《西游记》创作中突破理学的束缚,用科学幻想的神话笔调反映科技进步的时代要求,阐发"人定胜天"的新的思想理念,实属难能可贵。吴承恩是16世纪杰出的神话大师和未来学家,是在中华民族古老文明的土壤中崛起的人类现代科技文明的"预言家"。

十三、《西游记》中儒释道三家思想的交融

(一) 吴承恩时代儒释道三教理论上的融合及其在政治上的运用

吴承恩出生时明朝已经建立 133 年,社会正处在经济发展繁荣但贫富分化加剧,文化积累厚重但叛逆思想产生,各种思想融合和人们思维多元化,政治控制减弱但社会矛盾激化这一历史背景下。他家乡所在的淮安是明代大运河的重要枢纽,是当时明朝的一个重要的经济文化中心。这里更有施耐庵和罗贯中在淮安创作《水浒传》和《三国演义》的肥沃的文学土壤和底蕴。吴承恩的求学生涯和青少年生活都是在儒释道三家思想的影响下度过的。

儒释道在中国传统文化中占据着举足轻重的位置,影响到社会生活的各个方面。三者自产生之日就不断地相互影响,相互融合。到了明代时期,三教的融合已臻至成熟。明代儒、佛、道三教合流,是以儒家学者为中心,并由众多名僧、方士参与其间,互相交流,互为影响,最终导致佛、道的世俗化以及儒学的通俗化。明太祖朱元璋首开明代三教合一风气之先。太祖曾经入寺为僧的经历使他洞悉佛、道二教阴翊王化的玄机,深知佛、道二教内部的弊端,曾主张力行整顿。[①] 在建国过程中又深感儒家思想是立国之本,在此基础上,明太祖提出了三教并用之说,认为:"若绝弃之而杳然,则世无神鬼,人无畏矣。王纲力用焉。于斯三教,除仲尼之道,祖尧舜,率三王,删诗制典,万世永赖。其佛仙之幽灵,暗助

---

① 陈宝良.明代儒佛道的合流及其世俗化.浙江学刊,2002(2):153-159.

王纲,益世无穷。"①朱元璋曾自制僧律二十六条,颁于皇觉寺。内一款云:"凡有明经儒士,及云水高僧,及能文道士若欲留寺,听从其便,诸僧得以询问道理,晓解文辞。"其意图就是鼓励僧侣与儒、道交流。明代学者罗钦顺认为,明初重臣宋濂学问"一生受用,无非禅学而已"。② 明代理学家陈琏则更将道、俗合而为一,认为"惟老氏道教以清净为本,而未尝以捐绝世务为高"。③ 明成祖朱棣起兵靖难,夺取宝座,得佛教名僧道衍(姚广孝)立了大功。于是即位以后,对佛教多有佑护。成祖朝时大量善书的编撰,说明三教合一的观念已得到朝廷的普遍提倡。所有上述御制书或敕撰书,均以儒家的五伦甚或孝道为中心,别采佛、道劝善之言,以为佑护、佐证,儒、佛、道融而为一。这些书籍陆续被颁发于天下学宫,为天下士子所必读,对儒、佛、道的合流起了推波助澜的作用。明儒盛行心学,而与佛家交流融洽④,僧与士人相交往,这是僧人参与朝廷政治的表现。王阳明在明代学术、思想史上具有举足轻重的地位,在儒、佛、道三教合一观念的流衍或变迁中,起到了至关重要的作用。在他以前,虽然明太祖、成祖倡导三教合一,也有学者宣扬三教合流。然究其本质,不过是借佛、道的威慑作用,暗助王纲。所需要的是佛、道的善化功能,所采用的方法亦不过是流于表面的援佛、道助儒。而王阳明则不同,他是援佛、道入儒,创建心学,其影响及于当时和整个晚明思想界。王阳明的思想实际上是"阳抑而阴扶也。使阳明不借言辟佛,则儒生辈断断无佛种矣。今之学佛者,皆因良知二字诱之也"⑤。他的心学,即由禅宗"即心即佛"发展而来。明末清初学者张履祥曾说:"三教合一之说,莫盛于阳明之门。察其立言之意,盖欲使墨尽归儒,浸淫至于今日,此道日晦,彼说日昌,未有逃禅以入儒,只见逃儒

---

① (明)朱元璋.《明太祖御制文集》卷11《三教论》.台北:台北学生书局,1965,348页

② (明)罗钦顺著;阎韬点校.《困知录》卷下.北京:中华书局,1990,33页

③ 陈琏.《琴轩集》.上海:上海古籍出版社,2011,759页

④ 李治华.《〈楞严经〉与中国宗派》.中华佛学研究,1998(2),297页

⑤ 陶望龄.《歇庵集》.台北:伟文图书出版社,1976,2361页

以入释,波流风煽,何所底极!"①儒学本无神秘的内容,本来就是
世俗的东西。一至宋代理学,援佛入儒,将天理推至自然法则这
一定理,好高骛远,顿成玄虚,似乎已多少带有一点神秘化的因
子,而与世俗相去渐远。王阳明心学的崛起,其最重要的意义,是
将玄虚的"天理"回归为人本心内的"良知",由此带来了儒学的世
俗化及通俗化,佛教伦理与儒家孝道观的合一。王阳明甚至提出
父母是"佛"。早在明初,明太祖就规定下了僧道拜父母的法令:
凡僧尼道士、女冠,均需"拜父母,祭礼祖先"②。将佛教伦理与儒
家孝道观合而为一。袁中道主张:"三教门庭异耳,其重孝等
耳"。③ 显然是以儒家孝道观为中心,将儒、佛、道三教融合在一
起。儒释道的深度融合最终导致了佛教的世俗化和与社会联系
的密切。

(二)吴承恩时代儒释道三教的世俗化和在社会生活中的影响

孔子、释迦、老子并祀于一堂之类的三教堂,至迟在元代已见
其例。一至明代,则蔚然成风。照例说来,孔子祀于学,佛氏祀于
寺,老氏祀于观,原本俱有定制,各不相混。可是,在明代,却流行
将孔子、老氏、佛氏并祀于一堂。鉴于此,朝廷只好下令禁止。明
永乐三年(1405),朝廷颁布禁令,"禁祀孔子于释老宫"④。然三教
合流毕竟已是大势所趋,尽管朝廷一再申禁,但禁令往往是徒具
虚文。在明代,世人多以儒、释、道合为一图,或者塑像于寺观。
释以佛居中,道以老子居中。甚至出现了穿戴为道冠、儒履、释袈
裟之傅大士。这种行为并非只是盛行于佛、道,同样为一些儒家
人士所恪守⑤。一旦儒、佛、道三教圣人共聚一堂、一阁甚至一图,
那么三教之间的界限已是混淆不清,这在民间的祠庙中反映得尤

---

① 朱涵钰.《基于 SaaS 采纳的产业链协同网络与协同能力评价研究》.北京邮电
大学硕士论文,2014
② 熊鸣岐.《昭代王章》.台北:"国立中央"图书馆,1987,544 页
③ 袁中道.《珂雪斋近集》.上海:上海书店,1982,37 页
④ 陈学聚.《国朝典汇》.台北:学生书局,1965,1053 页
⑤ 柳存仁.《和风堂文集》.上海:上海古籍出版社,1991,809 页

为明显。如儒家人士的祠庙却由僧、道管理。徐州祭祀汉高祖刘邦的祠庙,其香火由僧人管理。原本为道教系统的神祠,却也有僧人住持。儒家的祭祀人物也有附设于道观之中的现象。这也基本反映了当时的社会思想。明王朝以儒教立国,勿庸置疑。然而堂堂帝国,每遇大朝会时,百官习仪却不在国子监孔庙,而是在佛寺或道观,先在庆寿寺、灵济宫,后定于朝天宫。朝廷如此,地方官员也只好照章办事,社会风气可想而知。

明代士大夫从小接受的是一套良好的传统儒家教育,理应是儒学的维护者。可是明代的士大夫,无论是阁部大臣,抑或州县小吏,无论是在职,抑或乡居,均是佛、道的倡导者,甚至成为佛教寺院的"护法"。当时的风气,就是士人以与释、道二教人士相交为雅。所以,对佛教的贡献,正如明人瞿汝稷所言:"夫近时之士大夫,皆诵法孔子者也。所望创僧庐,市僧田,以招致拨草瞻风诸龙像者,惟诵法孔子诸贤是顿,则儒之有庇释也,不信然哉!"明人蒋德璟也说,晚明的士大夫,"无不礼《楞严》,讽《法华》,皈依净土"。[①] 早在明初,就有一些僧人善于词翰,与士人交往密切,但只是仅见的例子,不成气候。中期以后,以至明季,由于儒、佛、道三教合流渐成气候,士人与僧、道相交更是不争的事实。这种风气主要反映在以下两个方面:一是僧、道不守清规,不在僧寺、道观清戒受持,而是到处游荡,游方僧道遍地皆是,尤以京师为甚。如明人言:"京师街头布满缁黄,僧道至于沿街塞路。"[②]二是士大夫师事沙门,大族中妇女、子弟甚至拜高僧为师。如张履祥揭示道:"近世士大夫多师事沙门,江南为甚。至帅其妻子妇女以称弟子于和尚之门。"[③]这种风气仅仅是儒、佛、道合流的综合反映,而其具体的表现,则为士人与僧道相交,恬不为怪,甚至引为风雅。万历及其以后的文学作品中风行佛经、道藏之语。导源于明初的儒、佛、道三教合流思潮,并开始向世俗化方面演进,其影响已是

---

① 蒋德璟,《理学经纬十书序》.北京:中华书局,1987,2368 页
② 李焯然.《焦竑之三教观》.台北:允晨文化实业股份有限公司,1987,115 页
③ 张履祥.《杨园先生全集》.陈祖武点校.北京:中华书局,2002,748 页

相当深远。

(三)《西游记》中体现的在儒、佛、道三教融合影响下的思维创新

《西游记》是中国古代浪漫主义的杰作,其影响力为中国古典小说四大名著之首。提到孙悟空和猪八戒,可谓无人不知,无人不晓。在近500年的时间里,《西游记》长盛不衰,影响了一代又一代的中国人,也影响了全世界。一部描写佛家弟子不远万里历尽艰难险阻求取佛经的神话小说,究竟隐藏了什么秘密,竟有如此巨大的吸引力。这是人们一直在思考的一个问题。《西游记》除了包含丰富的人生哲理之外,还集中国古代智慧之大成。同时,它还包含了几千年来中国人对科学的渴望和追求。当站在今天科学发展的平台上回头看500年前成书的《西游记》时,好像能更清楚地看清这一切。《西游记》中包含了太多的智慧和理想,结合现代科技发展的最新进展,可以发现《西游记》早已展示了现代科技和未来科技的发展前景。

一是《西游记》对生命科学的思考。《西游记》中的"克隆技术"最能体现作者对未来生命科学的幻想。《西游记》成书于约500年前,书中对"克隆"技术已经有详细的描述。孙悟空用自己的毫毛变成无数个孙悟空的故事,表达了人类对复制自身的幻想。女儿国的女人生孩子不需要与男人结婚,只要喝一口子母河的水,就可如愿以偿,开启了男人也可怀孕生子的设想。《西游记》中所描述的"克隆"技术可以说是中国古代几千年文明智慧的结晶,体现了古代中国人的高度智慧。

流传在民间的谚语也体现了佛家思想与儒道思想结合的创新,如一个人今世做了坏事,就让他下辈子做牛做马的传说,也只有克隆技术达到了高级阶段才能实现。

《西游记》中所体现的进化论思想也与现代进化理论相一致。人是由哺乳动物进化而来,这是现代科学家所公认的。达尔文的进化论提出是在19世纪,而《西游记》中的进化论思想要比这早

300多年。当初孙悟空是块石头,最后由石头变成人,与现代科学证明的进化论是从无机到有机、从低等生物到高等生物的顺序是一致的。其实,在中国古代早就有生物进化的认识。唐代李商隐《李肱所遗画松》诗曰:"我闻照妖镜,及与神剑锋。"照妖镜,古代小说或传说里能照出妖魔鬼怪原形的宝镜。《西游记》第六回讲道:"李天王闻言,又把照妖镜四方一照,呵呵的笑道:'真君,快去!快去!那猴使了个隐身法,走出营围,往你那灌江口去也'。"《西游记》第五十八回讲道:"玉帝即传旨宣托塔李天王,教把照妖镜来照这厮谁真谁假,教他假灭真存。天王即取镜照住,请玉帝同众神观看。镜中乃是两个孙悟空的影子,金箍衣服,毫发不差。玉帝亦辨不出,赶出殿外卜。"《西游记》第六十一回讲道:"哪吒取出火轮儿挂在那老牛的角上,便吹真火,焰焰烘烘,把牛王烧得张狂哮吼,摇头摆尾。才要变化脱身,又被托塔天王将照妖镜照住本象,腾挪不动,无计逃生,只叫'莫伤我命!情愿归顺佛家也!'"牛魔王何等了得,与悟空激战一日一夜,斗智斗力,丝毫不落下风。若按这等法力,小哪吒哪里是他的对手。可是照妖镜一照住原形,老牛就再不能飞腾变化,只能乖乖地束手就擒。照妖镜虽然在《西游记》中照的是原形,其实是从另一个方面说明了动物的进化。

二是《西游记》中对宇宙科学的思考。《西游记》中所体现的"黑洞"理论最有代表性。《西游记》第三十三回中的紫金红葫芦和羊脂玉净瓶就是"黑洞"武器,是当时妖魔手中最尖端的武器,把本事通天的孙悟空装进去,一时三刻化血为脓,足见"黑洞"武器的厉害。现代人对黑洞的研究刚刚开始,也许在未来某一天,人类真的能开发出黑洞武器,现代科学的发展已经说明实现《西游记》中的设想不再是梦。

三是《西游记》对微观世界的研究。纳米技术的出现,标志着人类在科技应用领域创造了最"微"的奇迹。其实,"纳米"技术的"应用",很早以前就出现在《西游记》的幻想中。《西游记》里有这样一个经典场面令人难忘:孙悟空师徒四人路过火焰山时,想借铁扇公主的扇子扑灭火焰山的烈火,不料铁扇公主不给面子。孙悟空便变成一只小虫子钻进铁扇公主的肚子里,大闹五脏六腑,迫使铁扇公主将扇子借给了他。这就是最早幻想的"纳米"战争战例。科学巨匠爱因斯坦曾预言:"未来科学的发展无非是继续向宏观世界和微观世界进军。"当人类轰轰烈烈地飞入太空、登上月球、探索火星之际,人类同时也在静悄悄地深入物质内部,并在物质微粒间营造出了一个崭新的微观王国。在这神奇奥妙的纳米天地里,一些见所未见、闻所未闻的"精灵",如分子开关、原子制动器、单个电子晶体管等相继诞生。《西游记》也能给当代电信技术提供很好的启示,如顺风耳为后人发明电话提供了启示。孙悟空使用的金箍棒也给人类社会材料科学的发展提供了启示。随着科学的发展,相信在不远的将来一定能揭开《西游记》中更多的奥秘。

十四、水神情结对吴承恩创作《西游记》的影响

早在晚清时期,就有人评价《西游记》是一部"宜于凌虚"、太蒙头盖面的"科学小说"(《晚清文学丛钞》中侠人评)。《美国大百科全书》认为它是"一部具有丰富内容和光辉思想的神话小说"。《法国大百科全书》说:"全书故事的描写充满幽默和风趣,给读者以浓厚的兴味。"各类水神在《西游记》中的描写是《西游记》的重要内容,也体现了自幼生活在水乡的吴承恩对水和水神的另一番感情,《西游记》应该是一部名副其实的歌颂水神的科幻小说。

(一)水神是中国古代最受崇拜影响最广泛的神祇

《管子·水地》:"水者万物之准也,诸生之淡也,违非得失之质也。是以无不满无不居也,集于天地而藏于万物。产于金石,集于诸生,故曰水神。"尹知章注:"莫不有水焉,不知其所,故谓之神也。"在我国古文化的神话系统中,水神是传承最广、影响最大的神祇。水神崇拜是世界上所有民族信仰的重要神灵之一,是一种植根于传统农业社会中的自然崇拜,在农耕自然经济发展的重要时期,风调雨顺是人们最大的愿望。自古以来水神崇拜无论在官方还是民间都很盛行,水神崇拜的信仰对象十分广泛,信仰形式多种多样,对各民族的生活与社会发展产生了深远的影响。《淮南子·本经》记其事曰:"舜(帝)之时,共工振滔洪水,以薄空桑。龙门未开,吕梁未发,江淮遍流,四海溟涬。民皆上邱陵,赴树木。"《史记·秦始皇本纪》:"始皇梦与海神战,如人状。问占梦,博士曰:'水神不可见,以大鱼蛟龙为候。'"《汉书·王尊传》:

"尊躬率吏民,投沉白马,祀水神河伯。"《左传·昭公十八年》"玄冥"晋杜预注:"玄冥,水神。""南海之神曰祝融,东海之神曰勾芒,北海之神曰玄冥,西海之神曰蓐收(见《太公金匮》)"。(长)江神为奇相(见《广雅·释天》),(黄)河神为冰夷(见《海外北经》),蜀江(都江堰)神为李冰(见《太平广记》条引《成都记》等)。而其中最著名的应当属共工了。如水仙,晋《拾遗记》卷十云:"屈原以忠见斥,隐于沅湘。……被王逼逐,乃赴清冷之水。楚之思慕,谓之水仙,立祠。"在埃及神话之中也有水神,叫努。希腊神话中没有特指的水神,只有山林水泽女神和波塞冬(海神、水神)。与东南亚的信仰有关系,水神也常以女神,而且又是带有灵童的母神的形象出现,这与人们向水神祈祷生子及平安分娩的风俗有关,也同世界性信仰母子神有关。可能是由于女性参祭水神留下的遗迹,是人们的信仰所在。据有关史料记载,吴承恩本人曾对民间流传有关大禹治水的各种事绩做了大量搜集和整理,然后写成了一篇小说名为《禹鼎记》,说《西游记》其实是借了《大唐西域记》为骨架,将鲧禹治水之上古神话,巧妙地演绎成了一个西天取经、斩妖伏魔的新神话。在西方,圣经中关于洪水的传说及诺亚方舟的故事流传千年,世人皆知。甚至在今天科学如此发达的时代,梵蒂冈的研究人员对外界披露,他们在达·芬奇名画《最后的晚餐》中发现了隐藏着的"达·芬奇预言":人类将于4006年毁灭于一场全球大洪水。关于这个预言,民间还流传着这样一种说法:4006年毁灭人类的全球大洪水将发生在一个星期五,即传说中的"黑色星期五"。[①]

在中国,从唐代开始,龙王崇拜逐渐兴起和普遍化,这对于中国民间信仰的发展产生了巨大影响。唐玄宗时,诏祠龙池,设坛官致祭,以祭雨师之仪祭龙王。宋太祖沿用唐代祭五龙之制。宋徽宗大观二年(1108)诏天下五龙皆封王爵。封青龙神为广仁王,赤龙神为嘉泽王,黄龙神为孚应王,白龙神为义济王,黑龙神为灵

---

① 乔达恩.达·芬奇末日预言——绝世天才埋藏500年的惊天之谜[M].北京:新世界出版社,2012.

泽王。清同治二年(1863)又封运河龙神为"延庥显应分水龙王之神",令河道总督以时致祭。在《西游记》中,龙王分别是:东海敖广、西海敖钦、南海敖润、北海敖顺,称为四海龙王。由此,龙王之职就是兴云布雨,为人类消灭炎热和烦恼,龙王治水成了民间普遍的信仰。

在中国的广大农村地区,水神崇拜十分普遍,古代最有名的故事西门豹治邺就充分说明了水神崇拜对人们生活的影响。几乎每一条河流、每一个湖泊,甚至大一点的水塘、泉水、吃水的水井都有水神崇拜。每逢节日人们都会举办不同的祭祀活动祭拜水神,以保平安。天上众神中龙王除了住在水里,还同时管着天上的水,所以,龙崇拜也影响最大、范围最广,成为中华传统文化的最基本组成部分。雷公也是管水的天生的水神,都深刻地影响着人们的生活。

(二)水神文化对吴承恩及其生活时代的影响

吴承恩生活在 16 世纪,在西方正是文艺复兴运动兴起的时代,文艺复兴时代是人类历史上一次从来没有经历过的最伟大的进步和变革,是一个需要巨人而且产生巨人的时代。文艺复兴是一场光彩夺目、百花齐放的思想文化运动。文学、思想、自然科学等众多学科都取得了丰硕与辉煌的成就,展示出资产阶级在上升时期的革命热情和首创精神。家境清贫,他的父亲吴锐性格乐观旷达,奉行常乐哲学,为他取名承恩,意思是希望他能读书做官,上承皇恩,下泽黎民,做一个青史留名的忠臣。当时正是中国科举制度的鼎盛时期,也是中国封建社会专制时代的鼎盛时期,在 15 至 16 世纪的中国,一方面是明朝经过上百年的发展在经济上达到了繁荣,文化上也取得了发展,但同时从秦始皇开始一直到明朝中期经历了 1700 年发展的中国封建专制统治制度也达到了高峰,人们的思想禁锢也越来越紧,新思想往往刚一萌芽就被统治者扼杀。统治者唯恐生产力的发展带来阶级力量的变化进而危害到其统治基础,因此科技发明和创造被视为"奇器淫巧"和雕虫小技。吴承恩的家乡淮安所处的地理位置和佛罗伦萨有很多相似之处。在创作和出版以及传播《西游记》的淮安，由于运河文化的影响，在吴承恩生活时期不仅是经济富裕、商贾云集、人文荟萃和文化发达的地方，而且也是明清小说创作盛行的地方。《三国演义》《水浒传》《老残游记》《镜花缘》等，这些明清小说中杰出的文学作品，都能在这里找到它写作和出版的历史痕迹。吴承恩的所有设想全都是无形的，全部处于幻想和想象之中，全部在吴承恩心中。《西游记》成书以后的 500 年间对人们产生的巨大吸引力往往被认为是唐僧西天取经的故事和孙悟空的智慧形象，其实是蕴藏在书中的科学精神和哲学思想。

吴承恩自幼聪慧，喜读稗官野史、志怪小说，"尝爱唐人如牛奇章、段柯古辈所著传记，善模写物情，每欲作一书对之""髫龄，即以文鸣于淮"，颇得官府、名流和乡绅的赏识。《淮安府志》载他"性敏而多慧，博极群书，做诗文下笔立成"。吴承恩小时候勤奋好学，一目十行，过目成诵。他精于绘画，擅长书法，爱好填词度曲，对围棋也很精通，还喜欢收藏名人的书画法帖。少年时代他就因为文才出众而在故乡出了名，受到人们的赏识，认为他科举及第，"如拾一芥"。

他除勤奋好学外，还爱看神仙鬼怪、狐妖猴精之类的书籍。如《百怪录》《酉阳杂俎》之类的小说或野史，这类五光十色的神话世界，使其在潜移默化中养成了搜奇猎怪的嗜好，随着年龄的增大，这种爱好有增无减，这对他创作《西游记》有着重大的影响。30 岁后，他搜求的奇闻已"贮满胸中"了，并且有了创作的打算。50 岁左右，他写了《西游记》的前十几回，后来因故中断了多年，直到晚年辞官离任回到故里，他才得以最后完成《西游记》的创作，共历时 7 年。《西游记》的内容是最为庞杂的。它融合了佛、道、儒三家的思想和内容，既让佛、道两教的仙人同时登场表演，又在神佛的世界里注入了现实社会的人情世态，有时还插进几句儒家的至理名言，使它显得亦庄亦谐，妙趣横生，魅力无穷。

水神在我国古文化的神话系统中是传承最广、影响最大的神祇。据古籍载,江河海湖甚至水井水潭中都有职司不同的水神。在水神的称谓上亦有变化。我国有数不清的江海湖泊,几乎每一条江河湖泊和每一个海洋都有一个美丽的女神传说。如长江女神巫山神女、湘水女神湘妃、洛水女神洛神、东南沿海女神妈祖等皆可称为"水神"。

吴承恩生活在水神话丰富的大运河交通枢纽淮安,水神话传说十分丰富,他深受水神传说和水神文化的影响,并且把这些水神话传说融化在自己的创作中。吴承恩是生活在 16 世纪世界东方的伟人,他靠着自己对古代神话的理解和领悟,对未来世界科技的发展进行了大胆的探索和预测,把所有的设想都写在了《西游记》中,但时代限定了他不可能把科学的探索转化为科学实践,今天科学发展的事实已经证明这位伟人思考的正确性,人类科技将继续沿着先知们思考的道路开拓前进。

(三)《西游记》中的水神形象及其作用

《西游记》塑造了众多水神的形象,吴承恩把不同时代不同类型的水神都浓缩在了作品中,让这些水神成为作品的主角,创造了一个个神通广大的水神形象。唐僧为婴儿时,因被绑在一块木板上随波逐流,后为一和尚所搭救,所以取名"江流儿";猪八戒,曾统率着天河"十万水军",乃是天上的水神;沙和尚则是"流沙河"的水怪;白龙马,即所谓"西海龙王三太子",当然也是天生的水神;孙悟空,包括鲁迅先生在内的众多知名学者考证其为淮河水神"无支祁",实为《西游记》中第一"主角"。《太平广记》卷四六七"李汤"条引《戎幕闲谈》:"禹理水,三至桐柏山,惊风走雷,石号木鸣,五伯拥川,天老肃兵,功不能兴。禹怒,召集百灵,授命夔龙,桐柏等山君长稽首请命。禹因囚鸿蒙氏、章商氏、兜卢氏、梨娄氏,乃获淮涡水神,名无支祁。善应对言语,辨江淮之浅深,原隰之远近。形若猿猴,缩鼻高额,青躯白首,金目雪牙,颈伸百尺,力逾九象,搏击腾踔疾奔,轻利倏忽,闻视不可久。禹授之童律不能制;授之乌木由,不能制;授之庚辰,能制。鸱脾桓胡、木魅水灵、山祆石怪,奔号聚绕,以数千载,庚辰以戟逐去。颈锁大索,鼻穿金铃,徒淮阴龟山之足下,俾淮水永安流注海也。"观音菩萨,是居住在南海普陀仙岛落珈山上的大神,大慈大悲。手中杨柳净瓶,装的是普度众生的神水。二郎神,被百姓作为水神供奉。也有学者考证,二郎神的原形实为四川都江堰治水英雄李冰的儿子。《西游记》中最著名的人物,除了唐僧之外,绝大多数具有水神的身份。历史上真实的唐僧玄奘大师,是不可能领着一大帮水神去西天取经的。因此,唐僧其实就是大禹的化身,带领着四位水神一路降妖伏魔去西方江河的源头开山治水,因为改堵为疏必须从江河源头做起,才能驯服江河,东流入海。孙悟空就是水神中最杰出的代表。《山海经》说:"水兽好为害,禹锁于军山之下,其名曰无支奇(无支祁)。"相传神禹治淮水时,无支祁作怪,风雷齐作,木石俱鸣。禹很恼怒,召集群神,并且亲自下达命令给神兽夔龙,擒获了无支祁。无支祁虽被抓,但还是击搏跳腾,谁也管束不住。于是禹用大铁索锁住了他的颈脖,拿金铃穿在他的鼻子上,把他镇压在淮阴龟山脚下,从此淮水才平静地流入东海。这就是著名的"禹王锁蛟"的故事,从此淮水边也有了著名的"支祁井"。无支祁就是后来《西游记》中赤尻马猴的原型。无支祁的故事,至少流传了500多年以后,才出现了唐僧取经的故事,其中最早写唐僧取经故事的,是明初蒙古族戏曲作家杨讷,所作杂剧今知有18种,现存《刘行首》和《西游记》两种。杨讷的杂剧《西游记》,写民间传说唐僧取经的故事。元代戏曲作家吴昌龄的杂剧《唐三藏西天取经》中,出现了孙悟空的形象。无支祁的故事,流传800年以后,吴承恩才借鉴前人成果加工整理成《西游记》。吴承恩的《西游记》问世以后,无支祁的形象逐渐为孙悟空替代,成为与大禹一样家喻户晓的英雄人物。

从《西游记》对水神的描写中可以总结出:水神是可以战胜一切困难的,水神是可以公而忘私的,水神是勇往直前的,水神是变化无穷的,水神是主持正义的,水神是最公平的,水神是生命之神,水神是智慧之神,更是胜利之神。当然,人若违背自然规律,水神就可能变成洪水猛兽,变成邪恶之神。神是人供出来的,是深藏在人类灵魂深处的,是人类对自然界思想认识的升华,同时又对人的思想和行为进行监督和映照。

附　录

一、帝制的终结与民智的开启——辛亥革命 103 周年祭

中国的帝制完整意义上的开启自公元前 221 年秦王嬴政称"皇帝"始,到 1911 年最后一个封建皇帝溥仪在辛亥革命的炮声中宣布退位止,共计 2133 年。是世界上帝制存在最长,也是连续系性和完整性最好的。封建王朝皇帝总数 494 人。其中未在位,死后被追封为皇帝的有 73 人。边疆少数民族政权君王总数有 251 人。历代农民起义建元、称帝者,约 100 人。封建割据称帝者,约有 60 人。最后还有一个"中华帝国皇帝"——袁世凯。

春秋战国 500 年的战事和思想纷争,给中国历史留下了最宝贵的文化遗产,也极大地激发了中华民族的智慧。虽然这段历史已过去 2000 多年,但这段历史的画面在今天却历历在目,这一时期人们创造的文化成果成为中华民族文化的基石和国学的基础。这一时期文化人物的影响至今无人能够取代,老子、庄子、孔子、孟子、荀子、韩非子、墨子、孙子等,其名字和思想被世世代代的中华子孙永远铭记和时时想起,中华子孙的后代们根据各自的需要从中汲取营养和选择需要。秦始皇既是春秋战国 500 年战乱的终结者,也是中国帝制的开启者,其个人素质具备了智勇双全,时事和机遇具备,他可以有很多选择,春秋战国的百家争鸣形成的多种思想流派就在他眼前,有追求自然和谐的老庄思想、有追求民主和自由的墨子思想、有追求社会有序君民和谐的孔孟思想、有追求专制的荀子、韩非子思想等。秦始皇是靠武力取得天下

— 121 —

的,他深深地体会到了权力的重要性,在当时的历史形势下为了不使社会再次陷入战乱他几乎别无选择,只有一条路可选,那就是建立专制统治,他的智囊团也没有其他选择可以来稳定当时的中国社会,所以秦始皇建立帝制和选择专制统治应该说是当时中国历史的必然,这是一次关系到中华民族命运的重要选择,这一选择也就决定了中华民族2133年的命运,这次选择既给中华民族带来过统一、强大和繁荣,也带来过战乱、分裂和屈辱,焚书坑儒、是非功过,两千多年来人们一直在评说。秦始皇作为帝制的开创者从来没有得到过安静,他创立帝制的目的是希望自己是始皇帝,他的后代子子孙孙是继任者。人们普通的历史常识认为秦始皇没有实现,但纵观中国历史,应该说秦始皇的愿望实现了,中华民族本身就是一个民族大家庭,所有的封建帝王都是家天下的统治思想,所以两千多年的中国封建社会历史只有统治者的更换,并无社会制度的变更,帝制思想在中华民族的血脉中流淌了两千多年,每个人的细胞中都有帝王思想的影响,如果没有新思想和外来因素的影响,我们不知道中国的帝制还要延续多久? 在中国历史上帝制存在的两千多年的时间中,也有过许多像李贽这样的自由思想的抗争者,也有许多像黄巢这样的民主斗士,但在全民族强大的帝制思想的社会和尊君的思想大潮中犹如螳臂当车,统统地都被帝制的车轮压得粉碎。明清时代世界形势发生变化,先是倭寇侵扰东南沿海,后是西方殖民者大举入侵,国内长期习惯帝制统治的人民中的一些思考者看到帝制不是万能的,他也会被人欺负,于是就出现了洪秀全领导的太平天国运动,太平天国在传统的农民起义平均口号的基础上加上了西方的上帝思想,没想到起到了意想不到的效果。拜上帝教把穷苦老百姓团结到了一起,使得南半个中国风起云涌、天翻地覆。拜上帝教的创立者洪秀全随着势力的迅速扩大,他发现自己越来越像帝王了,他把自己真的当成了上帝的使者,他要超过以前的帝王,所以,他要拥有三宫六院七十二妃。他摆脱不了历代农民起义领袖托变为封建帝王的循环。另一位深受封建帝王思想影响的代表人物就是袁世凯,袁世凯本来被国人寄以厚望,他的能力和智慧足以让他成为中国历史转折关头的历史伟人,成为新的历史进程的开创者,但他大脑深处的帝制思想让他自己选择走向了人民的反面,他复辟帝制的行为被钉在历史的耻辱柱上,83天的皇帝生活也许他觉得已经很值得自己去冒天下之大不韪了。辛亥革命的意义和作用就是终结了封建帝制,袁世凯帝制的覆灭就是最好的证明,是民智的开启使帝制失去了生存的空间和环境,历史证明谁要阻挡历史前进的车轮,最终都会被历史的车轮压得粉碎。辛亥革命的最大意义就在于开启了民智,促进了中华民族民主意识的觉醒,自此以后的历史进程中,无论是谁再想做皇帝梦都只能是水中月、镜中花了。无论对中国历史发展做出了多大贡献,无论老百姓对他多爱戴,他都不会也不敢公开去做皇帝了。中国近代历史的发展无可置疑地证明了这一点。从这个方面来讲辛亥革命无疑是中国近代历史的起点和开端,也是中国开始民主进程的起点和开端。在辛亥革命发生后的一百年间中国社会发展发生了巨大的变革,从辛亥革命的胜利到中华民国的建立,从五四运动到中国共产党的成立,从九·一八事变到抗日战争的全面胜利再到新中国的成立,中国人民一步步从封建专制的牢笼中解脱出来,一步步从殖民主义和帝国主义的压迫中解放出来,中华民族站起来了,我们在以主人翁的姿态迎接着新时代快速发展的挑战。民智的开启使中华民族释放出巨大的创造能量,中国人民以极大的热情投入到社会建设中去。尽管在建设中我们曾走过弯路甚至犯过错误,但这丝毫不减弱人民群众的积极性。改革开放和中国特色社会主义建设使中华民族的发展走进了快车道,和谐社会的构建和科学发展观使我们与世界科学和发展更趋同步,中华民族从一百年前的封建专制和殖民者的压迫下开始站立起来到今天屹立在世界的东方,正是民智不断开启的结果。封建专制和封建皇帝虽然已离我们越来越远,但并不是说封建专制思想和封建帝王的影响就不存在了,应该说两千多年的封建专制统治,封建帝王对中华民族的影响太深远了,已深深地融入我们的血脉,所以很多人虽然没有机会做皇帝了,但是做土皇帝的思想却挥之不去,一旦有机会还会情不自禁地过把皇帝瘾,在新闻报道中我们会不时看到有做村里土皇帝的、有做镇(乡)里土皇帝的、有做县里土皇帝的、有在一个部门做土皇帝的、也有在一个区域做土皇帝的,甚至日常生活中谁啥事做得好也用封建时代的称号来称呼:高考的县第一名叫县高考"状元",市里高考第一名叫市高考"状元",省里高考第一名叫省高考"状元"。篮球打得好也称"皇帝"、足球踢得好也叫"皇帝",女子象棋下得好就叫"皇后",等等,不一而足。虽然有些称呼只是象征意义,但有些却真的影响着人们的思想和意识,土皇帝思想随时都可能在条件成熟时而产生。在辛亥革命103周年之际,让我们再次回忆起103年前中华民族历史上这最伟大的历史时刻,再次用民智的开启来扫除皇帝思想的残余,使中华民族的发展进入新的阶段,开启新的篇章,创造新的未来。

二、四大发明的光芒与中国古代知识分子的不济命运

四大发明是中华民族的骄傲,也是中华民族引以为豪的基础,这是因为四大发明改变了人类历史发展的进程,在人类历史发展中发挥了十分重要的作用。

中国古代知识分子与四大发明之间有什么样的关系,在四大发明过程中起到了哪些作用? 在四大发明传播过程中起到了哪些作用? 笔者翻阅史书和今人研究成果尚未发现有人论及过。是这个问题不值得我们研究,还是这个问题与中国古代的知识分子无关? 还是人们忽略了这个问题? 笔者在读书时一直在思考这个问题,但是始终没找到答案。

依据我们现在的常识,科学发现总是和掌握知识最多的科学家联系在一起,和普通老百姓及文盲联系在一起的概率比较小,但在中国古代四大发明产生的过程中这种常识似乎是个悖论。

指南针的发明,史书和我们今人尚未找到谁是真正的发明

者。可以肯定的是在春秋战国时期中华民族已经掌握了指南针的使用方法。所以史书无法将其归到哪一人的名下，这位发明者是否读过书，是否受过教育我们今天已不得而知。但从中国古代的史书记载习惯来看，如果是读书人发明的他是会记下来并传之后世的，指南针又不像《金瓶梅》，不用怕留下骂名。但今天我们翻遍史书却不能查到关于发明者身份的只言片语。

　　造纸术，史书记载是蔡伦发明的，虽然我们在今天的考古发现中发现西汉时期已经有纸的存在，但应该说蔡伦对纸的贡献具有特殊的意义。蔡伦是个宦官，文化水平应该不高，在东汉皇宫他是为后宫服务的，东汉时的后宫，皇帝的后妃和各类女官及宫女约6000人，且大多为年轻女子，可以说后宫女子的卫生问题是古代以来一直难以解决的一个问题，聪明的蔡伦用自己的智慧解决了这个问题。由于后宫女人太多，蔡伦在工作中可以说苦思冥想，依靠他掌握的多种知识解决了这个问题。他将破渔网、树皮先用开水煮消毒后，再晒干，用棍棒打成片，供后宫的女子们用，应该说随着数量的增大，做工也越来越细，西汉时不成规模的造纸在蔡伦手里实现了规模化和用途的多样化，史书记载蔡伦造纸也是符合历史事实的。史书未记载蔡伦的文化程度，更谈不上他的师承。也许蔡伦从来没有想过他造纸所带来的巨大作用和对人类历史发展的贡献，更不会想到世人一直记着他。

　　火药，这又是一个史书没有记载具体发明人的创造。大约在隋唐时期中国人已经掌握了火药的制作技术。有书记载为孙思邈所发明，也有说是无名道士发明使用的，正史对此没有一个明确的记载，给后人留下了许多思考和猜测。在宋代宋金战争中已有火药用于自卫战争的记载。在宋代以后火药开始传入西方。在中国古代火药主要用于喜庆和驱邪避鬼，后来广泛用于婚丧嫁娶和开业喜庆及大型活动，中国古代火药的发明主要是用于生活，这也从历史上证明中华民族自古就是一个爱好和平的民族。但火药传到西方后被正在对外扩张而无利器的西方殖民者视为至上之宝，他们拿着东方人发明的利器打到东方来了，中华民族的鞭炮声未能驱走手持火枪火炮的洋鬼子,人民却成为殖民者任意宰割的羔羊,中华民族受尽了屈辱和灾难。火药,曾经的中华民族的骄傲和自豪,也是中华民族历史上无法去掉的痛。我们聪明的先人既然发明了火药,为何不留下自己的姓名,难道已经预料到火药以后的作用和近代中华民族的命运?

活字印刷术。史书清楚地记载是布衣毕昇发明了活字印刷术,活字印刷术使文化传播进入了新阶段,以前只有少数人才能读的圣贤书开始走入普通百姓家。历史进入普通人可以靠知识改变命运的时代。宋代及其以后的明清时期科举考试的盛行正是活字印刷带来的一个成果之一。活字印刷的发明者毕昇发明之初也许只是为了提高自己的工作效率,他自己只是一个布衣,是一个体力劳动者。我们现在已经无法知道毕昇读过多少书,他的老师是谁,他算不算是知识分子,但毕昇的创造确实改变了世界,正是毕昇的发明成就了中国古代浩如烟海的史籍的传承,使四书五经进入了普通百姓家。活字印刷传到西方之后成为宗教改革者的利器,成为传播新知识的工具,使科学思想得到传播并为社会变革创造了条件,使古希腊文明得到了新生。毕昇死后没有任何纪念,也不知道他埋在哪里,他给读书人创造了条件,读书人却很少有人会记起他。

中国古代文化在春秋战国时期形成了各自的流派,各种史书对自己流派的思想发展都有较为详细的记载,但各流派资料中却没有四大发明的记载,看来四大发明在中国古代是不被知识界重视的。用我们今天的话说,也就是四大发明是民间创造的。比起用这些创造印刷的圣贤书而言活字印刷只不过是个工具而已。中国古代知识分子的任务是读圣贤书,而不是印书的工具。有句话叫"两耳不闻窗外事,一心只读圣贤书","书中自有黄金屋,书中自有颜如玉"。这也许是毕昇永远想不到的,活字印刷在中国古代方便知识传播的同时,使多少知识分子变成范进。一种知识的传播是解放人们的思想,一种知识的传播是禁锢人们的思想。毕昇是伟大的,他的创造是中华民族的骄傲,他不仅属于中国,更属于世界。

三、中原孝文化与当代河南和谐社会建设

目前我国已进入建设小康社会的重要时期,要全面建设小康社会,实现社会的和谐发展至关重要。建设和谐社会,不仅要实现人与自然和谐发展,还要实现人与社会和谐发展。在人与社会的和谐发展方面,实现人际关系的和谐,是社会主义和谐社会的微观基础。构建社会主义和谐社会,就是要对人与人之间的关系进行重新调整和定位,形成新的人与人之间的道德关系和利益关系。

(一)弘扬中原孝文化的必要性和紧迫性

我国是一个具有悠久历史和文明的国家,占中国古代社会统治者思想主导地位的是儒家思想,而儒家思想就是建立在忠孝基础之上的,所以"孝"自然就成为中国古代传统思想的重要组成部分。传统的"孝"文化是以家庭单元为基础的,而家庭又是社会的细胞,家庭稳定了,家庭和谐了,社会自然也就和谐了。著名学者张岱年先生说:"在人类社会中,父母与子女的关系是一种自然的关系……子女对父母尽孝,是一种最基本的道德。"①中原孝文化具有广泛的代表性,它代表着中国孝文化的发展方向和基础,而且中原孝文化已深入人民群众生活中的方方面面,作为历代中原居民生活中的重要内容。孝悌之德是中华民族传统美德的集中体现,它在价值意义上形成中华民族道德人格的精髓。孝子、孝行源远流长,历来受到民众与社会的尊崇。当代评选孝子、践行孝义彰显了和谐文化在和谐社会建设中的强大精神支撑作用。寻求传统与现代的契合,将"孝"的本源由"孝亲敬老"的义理提升到"大孝为国"的崇高境界,建立传承"孝"与"孝文化"的长效机

---

① 《张岱年·序一》,万本根等主编.《中华孝道文化》.成都:巴蜀书社,2001,1 页

制,对于构建社会主义核心价值体系,形成全民族奋发向上的精神力量和团结和睦的精神纽带具有重要的现实意义。

中原孝文化不仅内容十分丰富,而且影响十分深远。特别是随着中国历史上几次中原人口的大规模南迁,也将中原孝文化带到了全国各地。因此中原孝文化具有代表性,研究中原孝文化可以弄清中国孝文化的发展变化脉络,可以为当今河南和谐社会建设提供借鉴。

中原孝文化有其积极的一面,又有其落后的一面,如古代落后的孝文化的表达方式,古代人往往不惜重金为先辈修墓立碑、立坊建庙等。而今天我们要通过研究孝文化去指导人们摒弃孝其中繁杂的丧葬礼节,发扬尊老爱幼的优秀传统,讲究文明现代的孝文化表达方式,如清明节、老人的生日、忌日等采取文明的孝文化表达方式,既有利于增强家庭的凝聚力,又有利于培养爱家、爱国、爱中华民族的思想。既有利于家庭和谐,又有利于社会稳定。当然孝道思想的时代内涵决不是传统孝道思想的照搬,而是在孝文化优秀成分的基础上,注入新的时代内容,既不割断历史,又充分体现社会主义现代文明,形成平等关系下的孝道关系。

我国自先秦时期即形成了敬老、养老的传统,历朝历代制定的养老政策反映了中国古代淳朴的民风民俗和良好的社会风尚。养老政策也是社会稳定发展的重要因素,养老政策使大批优秀的老人对社会贡献他们毕生的知识、经验和智慧,他们是人类社会的宝贵财富。[①]"鸦有反哺之义,羊有跪乳之恩"。作为子女,等到"子欲养而亲不待"时,那才是人生真正的、最大的遗憾。虽然我国在 1996 年 10 月出台了《中华人民共和国老年人权益保障法》(以下简称《老年法》),对落实、巩固家庭养老,在社会上形成尊老、养老风气确实起到了积极作用,然而,依靠法律手段来培养孝顺老人的社会风尚还是存在很大的局限性。司法部门在实践中发现,解决家庭赡养纠纷时,广泛存在调查难、取证难、执行更难

---

① 李玉洁.《儒家的养老措施与孝文化》.[EB/OL]http://www. ganbu. henu. edu. cn/ShowArticle. aspArticle,2009-2-24

的问题。家庭养老问题绝非可以简单依靠一个《老年法》所能够解决的,它是一项艰巨而复杂的任务。实践告诉我们,过去单纯依靠伦理道德来维护家庭养老已难以为继,而单纯依靠《老年法》来维系家庭养老也同样难以奏效。新时代在呼唤老年人权益保障法的同时,也呼唤传统孝道文化的回归。在当前转型时期,重提孝文化显得非常必要。河南信阳潢川县副科级干部蔡德强家有大面积住房,却让母亲住不足7平方米的杂物间。此事一经曝光,当地反响强烈。县委书记亲自批示调查此事,"一个对亲生母亲都不好的干部,怎么会对人民负责!"①

　　党的十六大以来,胡锦涛同志多次强调:领导干部要常修为政之德、常思贪欲之害、常怀律己之心。鲜明地指出,常修为政之德,是加强党的执政能力建设的需要,也是加强党的先进性建设的需要。所谓"德",就是思想品德。为政之德,就是从政为官者应有的职业道德、思想品格和精神风范。为政以德,指的是主要靠统治者品德的影响力、良好的社会教化及爱护民众的政策而推行的政治。为政须讲政德、修政德,是中华文化的优良传统。② 孔子在《论语·为政第二》中说:"为政以德,譬如北辰,居其所而众星共之。"十六届六中全会通过了《中共中央关于构建社会主义和谐社会若干重大问题的决定》,明确提出,社会和谐是中国特色社会主义的本质属性,是国家富强、民族振兴、人民幸福的重要保证。弘扬我国传统文化中有利于社会和谐的内容,形成符合传统美德和时代精神的道德规范与行为规范。在全社会形成知荣辱、讲正气、促和谐的风尚,形成男女平等、尊老爱幼、扶贫济困、礼让宽容的人际关系。党的十七大提出的是"要加强老龄工作"。③ 它把老龄工作的地位提到了一个新的高度,凸显了老龄问题的严重性、重要性以及发展老龄事业的紧迫性。我国改革开放将近40

---

① 余超.《家有4层楼"住不下"八旬亲娘》.东方今报,2009-2-12(A06版)

② 朱厚伦.《为政之德应常修》.人民日报,2005-7-13(9)

③ 《高举中国特色社会主义伟大旗帜 为夺取全面建设小康社会新胜利而奋斗——在中国共产党第十七次全国代表大会上的报告》.人民日报,2007-10-15(1)

年的历史进程中,尤其是市场经济的崛起,给中国社会带来了巨大进步的同时,也给中国敬老孝亲传统美德造成了前所未有的猛烈冲击,使社会上形成了一种"敬老孝老严重不足、爱幼宠儿绰绰有余"的现象。提倡孝文化,弘扬孝文化刻不容缓。新中国成立初期,在大街上见到的是孕妇多,老年人少;而现在是老年人多,孕妇罕见。随着经济的飞速发展,我国已经迈入老龄化社会,这是一个新的大课题,政府和社会各界都要认真思考和对待这一现实。

化解当今社会的"孝道危机",首先应该倡导感恩教育,弘扬宗亲文化。在培养青少年的感恩意识方面,要注重学习古典家训、把握发肤血脉、体会认祖归宗等。同时,要把培养感恩意识作为学校道德教育的重要手段并贯穿学校道德教育的始终。其次,还需要健全国家支持家庭功能健康发展的社会政策体系,要逐步建立完善"个人孝心,社会保障"的现代孝道模式。"尊老孝亲"是当代中国建设家庭美德、构建和谐社会的重要文化资源。人们常用"夕阳红""俏夕阳"等形容当今社会老年人的生活状态。然而,尽管"夕阳无限好",但毕竟"只是近黄昏"。健康长寿是古今中外人们的美好愿望。"家和万事兴"既是中国优秀文化传统的集中体现,也是我们实现现代化、构建和谐社会的宝贵精神财富。知道老人们在思考些什么,尽力满足他们的晚年需求,是社会的责任,也是每个公民的义务。人都会老的,如果人人都能弘扬孝道,那么,人人也必将享受到孝道。

(二)弘扬中原孝文化的现代群众基础

中原大地是孝文化的发源地,也是孝文化观念最浓厚的地区。在中原地区人民的衣食住行和婚丧嫁娶过程中处处都体现着孝文化,在穿衣方面,父母在世的时候可以穿鲜艳衣服,父母去世要披麻戴孝,并规定了穿丧服的具体时间。在饮食方面,在餐桌上要长幼有序,在住房上老年人要住堂屋正房,等等。老年人过生日,晚辈要给祝寿,常用"福如东海长流水,寿比南山不老松"

之语。今天中原各地有组织的孝文化活动接连不断。就官方来讲,2004 年由中宣部、全国老龄办等五部委联合举办的全国"敬老、爱老、助老"主题教育活动表彰大会,公布表彰了全国首届"中华十大孝亲敬老楷模"。当今评选孝子、树立行孝楷模,使其与时俱进,具有重要意义。新时代评选新孝子,昭示着中华民族"孝子遗风"承传不衰、接力绵延,展示了孝文化在新的历史条件下具有建设和谐文化和巩固社会和谐的强大生命力。中华孝德之风,源远流长,历久弥新,当代孝子脱颖而出。

当今,各地评选孝子活动有以下特点:一是官方与民间的一致性。评选孝子活动的范围,小到基层社区,大到全国性的盛举,不同的行政区域、不同的政区层次都在开展这项活动,许多地方党委和政府将评选孝子的活动列入当地精神文明建设的大事要事予以重视,宣传和动员广大民众积极参与,体现了官方与民间的一致性。二是群众参与的广泛性。孝文化拥有广泛的群众基础。2005 年 4 月 23 日至 6 月 20 日,荥阳市在环翠峪风景区内举办首届贤孝文化节。风景名胜区内有一座贤孝山,不光山清水秀,所蕴藏的故事也源远流长,其中著名的就有贤孝村、贤孝石、婆媳让水等,是郑州市政府命名的"家庭美德教育基地"。该文化节的主题就是呼唤广大市民回归家庭,关注亲情教育,呵护自己美好和睦的家庭;文化节的内容除了让市民利用自己的闲暇时光携家人来畅游贤孝山、品贤孝文化外,还可以寻找"千年幸运石花""爱情石花"和"家庭石花"。2005 年 9 月 18 日,时值农历八月十五中秋佳节,在坐落于登封北十余里的"中国嵩山大法王寺"举办了第二届全国十佳孝贤颁奖大会。2006 年 8 月 31 日,《人民日报》刊登通讯《谢延信:一诺至孝三十载》,讲的是河南焦煤集团鑫珠春公司的一名普通矿工谢延信,自 1974 年以来,32 年如一日照顾亡妻的三个亲人——瘫痪在床的父亲、丧失劳动力的母亲、先天呆傻的弟弟的事迹。其大孝至爱,感人至深,工作上忠于职守、兢兢业业。① 河南省委书记、省人大常委会主任徐光春阅后批示："读了这篇报道,心灵受到极大震撼。大孝至爱的谢延信,以其崇高的道德境界揭示了做人的真谛,是我们学习的榜样。"2006 年 11 月 8 日,中共焦作市委、焦作市人民政府发出《关于开展向谢延信同志学习的决定》。与此同时,从中央到地方的诸多媒体迅速行动起来,对谢延信的感人事迹展开了广泛而深入的报道。被省委书记徐光春同志称为"当代孝子"的许昌人张尚昀,在 2007 年 10 月 21 日正式被确定为第 16 届"中国十大杰出青年"候选人,他也是当年河南省唯一一位入选"中国十大青年"的候选人。河南省长垣县委在乡镇领导班子考察中,首次把忠诚、感恩作为一项重要内容,明确提出"不孝敬父母的干部不能提拔重用"。2008 年 8 月 28 日,河南漯河市成立了"爱心中华行·孝文化促进会河南分会"。2008 年 8 月 30 日,河南省嵩山登封少林寺投巨资提倡"孝道",建立《中华名人孝贤碑林》以启教化之大义。2008 年 11 月,河南省濮阳市 62 岁的退休老人王永君自费 10 万元出版的《新二十四孝》由河南人民出版社推出。王永君老人自幼崇尚孝心,书内收录了 24 位孝心人的感人事迹来宣传孝道文化。

为了传承慈孝文化,弘扬传统美德,促进家庭和睦和代际和谐,2008 年 12 月 19 日,河南省新县在全县范围内开展首届"十大慈孝模范"评选活动。被评为"十大慈孝模范"的千斤乡大杨湾村 39 岁农村妇女周从凤激动地说:"孝敬老人,关心他人,这是我应该做的,做梦都没想到我会得到这么高的荣誉。"此次评选活动弘扬了道德风尚,教育了社会群众,唤起了全社会相互关爱之情,唤起了老弱病残群众对生活和社会的热爱之情。② 为劝子女敬老、夫妻和睦、父母爱子,河南省永城市苗村乡吕店村的刘荣华老人 30 年不辍,从近百种报纸杂志上剪下孝敬老人、教育子女、夫妻和

---

① 曲昌荣,张卜元.《谢延信:一诺至孝三十载》.人民日报,2006－8－31(5)
② 《弘扬传统美德,争做慈孝典范》.http://www.wenming.cn/gzyd/2008－12/26/content_15288564.htm,2008－12－26

睦等方面的文章 400 篇,共计 40 余万字,编贴成 4 本剪报集。①
这些事实充分证明了孝文化在社会上和人民群众中有广泛的
基础。

　　"孝"作为传统美德,自始至终充满着人性和人伦色彩。"孝"
是子女对父母应尽的义务,是人类最美丽的语言。它维护了亲
情,能促进家庭和睦,稳定社会发展。正常情况下,子女对长辈尽
"孝",也并不是要他们真的付出多少,往往只要一点点感情交流,
一小会儿的陪伴,就能使长辈获得满足。现在生活节奏越来越
快,人与人之间的感情越来越冷漠,能在长辈那里寻找到往日成
长的欢乐与爱抚,也必然使子女获得身心的愉悦。孔子在《论语》
中说:"父母在,不远游,游必有方。意思是说"父母健在,子女就
应守在身边伺候。不要到远方去游览、经商或做官。因特殊情况
必须外出的话,也应让父母知道去了哪里。这就是"游必有方"。
也有人说"方"是"返"的通假字,读成"游必有返"。那就是:既然
外出,还得要常回家看看。《常回家看看》是一首感动中国的歌
曲。感动了游子,感动了老年人,也感动了中青年。在这支歌的
感召下,不少在外地谋生的游子动了回家之念。他们抽出时间,
找了空闲,陪同爱人,领着孩子,回到父母身边。那就是老人所希
望看到的"团团圆圆""平平安安"。

　　《孝经》曰:"夫孝,德之本也,天之经也,地之义也""教民亲
爱,莫善于孝。"孝是"立人之本,人伦之本",是个人内在品德修养
之根;是一切德行之源,是中华伦理持续发展的内在基因。弘扬
孝贤文化,加强孝道建设,树立良好的社会风气,是广大人民群众
现实生活的迫切需要,是老年大国的殷切期盼,是每一位炎黄子
孙肩负的职责和义务,是构建和谐社会与全面建设小康社会的精
神支柱。

---

　　① 《65 岁老人 30 年搜集"孝道"文章 400 篇》. http://www.cixiao.cn/Index/in-
dex.asp,2009－2－20

（三）弘扬中原孝文化的意义

科学发展观是马克思主义和中国实践相结合的最新理论成果，科学发展观的核心是以人为本。老年人经历了漫长的人生道路，见证和亲自参与了我国社会主义革命和建设事业。现在他们步入了人生的暮年，成为弱势群体。作为这样大的一个特殊群体，无疑是党和政府关注民生、以人为本要优先扶持的对象。科学发展观的基本要求是全面协调可持续。全面建设小康社会，老年人既是理所当然的共享者，同时又是现代化建设的参与者。离开了老年人这个庞大群体的小康社会是不全面的。"全面可持续"要求我们的决策机构在谋划发展方略时，要有前瞻性，特别像对待人口老龄化这样重大的社会问题，一定要高度重视，积极应对。科学发展观的根本方法是统筹兼顾。随着社会的发展、形势的变化，我们要不断地创新思维。老年人的问题过去不是很突出，现在随着社会的进步和人民生活水平的提高，老年人的问题突出了。十七大报告从经济建设、政治建设、文化建设、社会建设四个方面，对中国特色社会主义事业四位一体的建设，进行了总体部署。要加强文化建设，明显提高全民族文明素质。尊老爱老、孝亲敬老是中华民族的传统美德，孝文化在我国历史上占有极其重要的地位。一方面，我们要创作更多更好的以孝文化为题材的文化产品，丰富社会主义的文化教育内容，净化社会风气，提高公民的道德水平；另一方面，通过这样的文化艺术手段在全社会倡导弘扬关爱老年人、帮扶老年人这一传统美德，营造代际融洽、尊老爱幼的良好社会风气，对于密切家庭关系、构建和谐社会，具有十分重要的意义。

在社会建设方面，要加快推进以改善民生为重点的社会建设。十七大报告提出，社会建设与人民幸福安康息息相关。努力使全体人民学有所教、劳有所得、病有所医、老有所养、住有所居。这"五个有"都与老年人密切相关。就目前社会发展情况来看，各级政府或民间团体与个人所开展的各类孝文化活动都对构建社会主义和谐社会发挥了积极的作用。一是当今评选"孝子"的活动,体现了中华民族传统美德与时代精神的有机结合,弘扬了孝文化"以德为体、以人为本"的道德人文主义精神。孝子是孝亲敬老的典范,是中华传统美德的继承者和传播者。在当代,社会公众认可、评选的孝子,"既有传统尊老、敬老、养老的孝文化内涵,同时更富有时代色彩,时代精神。""新时代的孝德应是养老育幼,祛邪扶正,齐家兴国,为社会主义奉献,求万家欢乐幸福。"①当今,孝子群体的事迹与风范,正是集中、典型地反映了这种特征,体现了传统美德与时代精神的紧密结合。新时期中华大地脱颖而出的孝贤楷模,彰显出与时俱进的时代风范,体现了孝文化的思想魅力与现代价值。当今各地评选树立的孝子,是精神文明的精英,他们的善举感人至深,令人景仰,给人感召。他们当中许多人不独善事父母,更能爱及他人,博爱于社会;不独"小孝孝亲",而且上升到"大孝为国"的高尚境界,彰显出与时俱进的时代风范,更是一种人格的社会教育。"孝"与"孝文化"融思想观念、思维方式、行为规范、社会风尚为一体,是中华和谐文化重要的组成部分。"孝"不仅仅是一种精神慰藉,它的构建需要实质性的内容。现实如何续写"孝行",我们认为必须把握好培育文明道德风尚,营造良好思想道德氛围这条主线。胡锦涛提出的以"八荣八耻"为主要内容的社会主义荣辱观等,就包含有"小孝事亲、大孝为国"的中华优秀传统文化的思想道德精髓,体现了中华民族传统美德、优秀革命道德与时代精神完美结合,具有指导人们在遵守基本行为准则的基础上,追求更高的思想道德目标的引领与规范作用。二是孝文化的教育引导。家庭、学校和社会重点是对青少年的孝德教育,一方面,家长言传身教培养;另一方面大众媒体坚持正确的舆论导向,广泛深入宣传尊老爱老光荣、嫌老弃老可耻,表彰孝行孝子,鞭挞不孝逆子,倡导循孝义、行孝道,使孝悌之德成为民众崇尚的价值追求。许多地方按照新时期文明建设与道

---

① 余顺华.孝行的时代意义[J].理论月刊,2007(6):57—59.

德建设的要求,将传统与现实结合,开展评选当代孝子的活动,开展慈孝文化系列活动,开展"感恩"活动,开展"民风评议"等彰显道德力量的活动,弘扬正气,共创和谐,最为直接、广泛地动员和吸引了人民群众的参与和践行,引领作用不言而喻。三是榜样示范作用。中华民族历史上忠孝榜样层出不穷,中原大地更是忠孝人物辈出,不仅有 24 孝中的 4 个孝子,更有花木兰、岳飞等一大批忠孝模范。正是由于他们的影响,在新时期涌现出了一大批孝子孝行,他们的道德思想、高尚情操对社会的影响、对人们精神世界产生的触动,既是鲜活的也是潜移默化的,其实质是一种人格的社会教育。中华民族自古以来不胜枚举的榜样教育和当今以至未来仍会发展下去的榜样教育,将继续成为人文社会里一份永久的精神典藏。评选当代孝子、提升孝行、弘扬孝义也是如此。这对于丰富"孝"与"孝行"文化精神内涵,无疑具有重要意义。最后,从实际效果着眼,把践行孝道、孝德同传统节庆活动结合起来,建立传承发展"孝"与"孝文化"的长效机制,提倡新时代的新孝子,大力弘扬孝文化。在中国传统节日和民间习俗中,如春节、元宵节、清明节、中秋节、重阳节及长辈亲朋的生辰祝寿,民间人伦的婚丧嫁娶等都饱含着十分丰富的孝文化①。弘扬孝文化,不仅可以丰富传统节日的内容,而且可以使之与节庆同在。在我们努力构建社会主义和谐社会的今天应摒弃孝文化在历史演进过程中被依附着的不合时宜的东西,传承其合乎时宜的合理内涵,建立传承发展孝文化的长效机制,使孝文化在构建社会主义和谐社会的过程中发挥更加积极的作用。

四、一夫多妻制与中国古代人口变化的关系研究

一夫多妻制是中国古代历史上存在时间最长的制度之一。它从原始社会时期的父系氏族社会开始出现,一直持续到新中国

---

① 肖群忠.孝与中国文化[M].北京:人民出版社,2001:202-205.

成立之前。在此期间社会体制虽几经变换,但一夫多妻制的婚姻制度却没有变。这种长期存在的一夫多妻的社会现象,对中国古代的政治、经济、文化都产生了多方面的影响,它最直接地影响了中国古代社会人口数量的增长、人口素质的提高和人口体质的增强等。

(一)一夫多妻制存在的政治与经济根源

一夫多妻制在中国存在的时间相当长,它产生于原始社会末期的父系氏族公社时期,经历奴隶社会、封建社会,直到新中国成立,才从根本上废除了一夫多妻制度。

婚姻的进化是社会进化的一个标志,人类进入母系氏族公社后,才脱离了原始群居的生活。母系氏族规定了族外婚,本氏族的男子必须嫁到互相通婚的氏族里去。自从农业、畜牧业和手工业有了显著发展之后,男子在生产中占了主导地位,促成了母系氏族公社向父系氏族公社的转变。在父系氏族公社时期,本氏族的女子必须嫁到互相通婚的别个氏族里去。随着社会生产力的提高,男子拥有更多的财产,使得氏族公社解体,私有制日益发展,父权日益升高,于是父系血统的确定和财产继承权的确定成为社会的主要问题。对于女子要求她们严守一夫制,而男子自身则可以实行多妻制。过去战争中把战俘全部杀掉,而此时则成了胜利者的战利品,男子被充作奴隶,女子则作为妻妾,或者把他们及其子女一起收养入族,变成自己的私有财产。这样就促使对偶婚向一夫一妻制和一夫多妻制的婚姻形态转变。

人类社会进入阶级社会以后,氏族首领由于占有氏族的财产而成为奴隶主,一夫多妻制遂成为奴隶主贵族阶层的主要婚姻形式。芬兰学者 E. A 韦斯特马克认为"一夫多妻制成为一种特定的阶级标志,一夫多妻制对家庭人口的变化产生了重要影响,实行一夫多妻制的经济动机是使其财产扩大化和持久化"[①]。中国

---

① [芬兰]E. A 韦斯特马克. 人类婚姻史[M]. 李彬译. 北京:商务印书馆,2002:1011-1012.

的奴隶社会应该说是以商、西周的奴隶制度最为典型。商朝的国家机器已经比较完善,商王是最高的统治者,独揽大权。国家的祭祀、征伐、生产、奖惩等,都要听命于他。如《书·盘庚》就有"听予一人作猷""惟予一个有佚罚"等语,证明商王是专权的。王之下有相,也叫作冢宰,是百官之长①,辅佐商王以统治全国。相之下,有小籍臣、籍臣、小众人臣等。商王还豢养一支强大的军队,据卜辞记载,商王一次出兵就多达三五千人,有时多达 13000 千人。士兵主要由平民组成,有时也有奴隶在内。商王依靠其庞大的国家机器来统治全国人民,商王及其大小奴隶主贵族为了他们荒淫生活的需要和满足其无限的占有欲,多妻是必然的。商朝后期,奴隶主贵族的残暴更加明显。甲骨文中的"炆妾"就是用烧妾的办法以求雨,"沉妾"就是把自己的妾沉入水中以祭神等。这些都证明,奴隶主贵族都拥有相当多的妾,否则不可能随便用处死的方法求雨祭神。甲骨文中关于人作祭品的记载,其中有人数的就多达 1992 条,共用人数 13052,未记人数的 1145 条,人数多少尚无法估计。由此可见,奴隶主贵族拥有大量的妻妾和奴隶。在奴隶社会中,一夫多妻制和宗法制也是联系在一起的,这种情况在西周尤为明显。西周政治制度的基本形式是"封诸侯、建藩卫",也叫作"分土封侯制"。这种以宗法制为基础而创建的制度,更需要众多的子孙拱卫王室。而实现子孙众多的手段,唯一的办法就是多妻。周王是最高的统治者,既是中央机构的首脑,又是诸侯的共主。《诗·小雅·北山》曰:"溥(普)天之下,莫非王土,率士之滨,莫非王臣。"据《周礼》记载:周有六官,为冢宰、司徒、宗伯、司马、司冠、司空。这种权力分配的特点是嫡长子继承制。周王为天下的大宗,其嫡长子为宗子,是王位的继承者。庶子为小宗,周王以其政治权力封其为诸侯。诸侯、卿大夫、士各为本支的大宗,其嫡长子为职位继承者,庶子为小宗,再分封。商、西周政治制度的特点就是家天下,而与家天下相适应的统治阶级婚姻形

①　《尚书·伊训》"百官总已,以听冢宰。"上海:上海古籍出版社,2006:121.

式就必须是一夫多妻制。因为在他们看来，子孙越多，自己的统治就越巩固，这就是一夫多妻制盛行的政治原因。当然，天子多妻，大大小小的贵族都实行多妻，这又势必发生冲突，所以，为了避免冲突，就需要规定各个等级的妻妾数目。妻妾的多寡还和经济承受能力密切相关，因为在当时生产力还比较低下的情况下，财产的增殖是有限度的。所以，大小贵族拥有妻妾的数量是由上到下依次减少。而对一般的劳动人民及众多的奴隶来说，其中相当一部分男子则终生娶不上媳妇。因为按照人类自然增殖的一般法则，男女性别数量的比例是基本上相等的。因此，如果有人多娶了一个妻妾，那么就必然有人无法结婚，此般道理是众所周知的。

春秋战国之交，中国历史由奴隶社会进入封建社会，但有两点却没有变，一是家天下的统治状况没有改变，如秦朝秦皇称自己是始皇帝，而以后是二世。这以后直到清朝都是家天下的统治。二是财产占有的方式没有改变，封建皇帝仍是全国最大的财富占有者，大小官僚和地主也是依次由上到下占有，从奴隶社会过渡到封建社会的变化不大。

秦汉以后，随着社会生产力的发展，统治阶级有机会占有更多的财富。一夫多妻制也随着少数人占有大量的财富而日益发展，个人占有妻妾的数量也不断增加。从文献记载来看，唐玄宗占有后妃及宫女 4 万多人应该说是中国历代个人占有妻妾的最高数字，"玄宗承平，财用富足，不爱惜赏赐爵位。开元天宝中，宫嫔大率至四万，宦官衣黄衣以上三千员，衣朱紫千余人"。[①] 在中国封建社会中，唐代是其发展的顶峰，唐玄宗个人占有妻妾也是顶峰，想必不是巧合，这和当时政治经济的发展状况密切联系在一起的。五代以后，个人占有妻妾的数量有所下降。就每一个王朝来说，在它的各个时期一夫多妻的情况也是不一样的。一般来说，在建朝初期，由于经济需要恢复，财富的积存量很小，国家需

---

① 刘昫.旧唐书［M］.北京:中华书局，1975:3251.

要尽快地增殖人口。所以,从皇帝到大小官僚地主,占有妻妾的数量相对来说较少。到了王朝的中期,经济开始繁荣,社会财富的积累扩大,皇帝及官僚地主们开始享受和腐化,妻妾的数目迅速扩大。而中期以后,统治者往往更加荒淫,故而他们占有妻妾的数量越来越多,直到这一王朝灭亡。辛亥革命后,废除一夫多妻的呼声甚高,但直到1929年南京国民政府时期,在法律上还肯定了男子纳妾的合法性,该法律规定:"有配偶而重为婚姻或同时与二人以上结婚者,处五年以下有期徒刑。"但又以最高人民法院的判例形式宣称:"重婚罪之成立,必须以正式婚为前提。如未正式结婚,纵令事实上有同关系,仍难定该罪。"纳妾既非娶妻,自然不算重婚。官僚、地主、军阀及豪绅也就可以堂而皇之地过着多妻生活①。一直到新中国成立前,一夫多妻制还在旧中国城乡普遍存在。真正地在中国废除一夫多妻是新中国成立以后的事。所以,一夫多妻制在中国存在的时间几乎与中国文明史相等同。它对中国古代社会发展产生了多种影响,本文只分析它对人口发展的影响。

(二)一夫多妻的存在状况及多种类型

在中国历史的奴隶社会和封建社会阶级,上至天子,下至平民,只要经济条件许可,几乎没有不实行多妻的。春秋、战国时期,是中国历史上的大变革时期。社会变革促进了社会经济的发展,也给一夫多妻这种婚姻方式注入了更旺盛的生命力。孟子说,当时的大人"侍妾数百"②。在当时百里为国的时代,全国大人的妻妾加在一起,可不是个小数目。管子说:"齐襄公陈妾数千"③。墨子也说:"当今之世,大国拘女累千,小国累百。"这些互相吻合的记载,说明了当时多妻制的发达。

秦始皇统一全国后,建立起大一统的专制集权的封建国家。

①　叶孝信.中国法制史[M].上海:复旦大学出版社,2002:355.
②　金良年撰.《孟子译注》.上海:上海古籍出版社,1995,311页
③　黎翔凤撰.《管子校注》.北京:中华书局,2006,396页

秦始皇在灭六国的过程中,每灭一国,都将其宫女虏至咸阳,做宫室以藏之。史载,当时"后宫列女万余人,气上冲于天"①。秦朝的嫔妃级别有八品,后来刘邦攻下咸阳时,宫中美女尚有数千②。可见,秦始皇和秦二世都拥有为数不少的妻妾。

刘邦建立的汉朝,继承秦朝的制度,皇后以外,妃称夫人。汉武帝时级别增至十四等,另外还有所谓的"家人子""待诏掖庭",都是皇帝随时可能与之发生性关系的侍妾、宫人,人数从几千到数万不等。王莽改制,将贵妾之数增至 120 人,后代依此为嫔妃的常数。西汉时期后宫人数最多的要数汉武帝,《旧唐书·食货志》载:"初,王莽败,惟未央宫被焚而已,其余宫馆无一所毁,宫女数千,备到后庭。"东汉时期的皇帝,宫女大多都是五六千人,陈蕃在上疏中说宫中"采女数千"。③ 荀爽在延熹九年(166)对策中说:"臣窃闻后宫采女五六千人"④。汉灵帝时,吕强在上疏中说:"臣又闻后宫采女数千人"。⑤ 从这些上疏和对策中,我们可以看出汉代的后宫人数平均每个皇帝不会少于五六千人。

在魏晋南北朝时期,各朝皇帝都以多妻为荣,故而,后宫人数又较汉代有所增加。三国时,魏国于皇后之下设五等爵,到太和元年(227),增至十二等。《魏志·高柔传》载:"明帝大兴殿舍,百姓劳役,广采众女以充后宫。"三国时期,以东吴的后宫人数为最多。《三国志·贺邵传》:"邵谏皓曰:'今国无一年之储,家无经月之畜,而后宫中坐食者万有余人。'"晋武帝灭吴后,太康二年(281),"诏使孙皓使妾五千人入宫"⑥。后又将东吴掖庭数万人纳为己有。这些证明东吴的宫女数量是相当多的。晋朝时,后宫人数更多,晋武帝司马炎因为后宫人数太多,史载"武帝多内宠,掖诞殆将万人。而并宠者甚众,帝莫知所适,常乘羊车,恣其所之,

---

① 司马迁.《史记》(卷6).北京:中华书局,1959,182 页

② 司马迁.《史记》(卷6).北京:中华书局,1959,1630 页

③ 范晔.《后汉书》(卷66).北京:中华书局 ,1965,2168－2169 页

④ 范晔.《后汉书》(卷66).北京:中华书局 ,1965, 1389 页

⑤ 范晔.《后汉书》(卷66).北京:中华书局 ,1965,1707 页

⑥ 房玄龄,等.晋书:卷9[M].北京:中华书局,1974:144-156.

至便宴寝。宫人竞以竹叶插户，以盐汁洒地，以引帝车"①。南北朝时期，后宫人数亦不少。《隋书·高祖纪》诏曰："有陈窃据江表，逆天暴物，征责女子，擅造宫室，日增月益，止足无期，帷薄嫱嫔，有逾万数，宝衣玉食，究奢极侈，淫声乐饮，俾昼作夜。"陈朝是南朝四个王朝中地盘最小的，而其后宫中竟也有超过万数的宫女。

隋朝时期，虽然只经历了两个皇帝，但宫女的人数也是很可观的。隋炀帝的荒淫是历史上有名的。《隋书·炀帝纪》："大业八年，密诏江淮诸郡，阅视民间童女姿质端丽者，每岁贡之。"唐初曾两次遣散隋后宫的宫女六千人，就是见证。② 唐代，以贵、淑、德、贤四妃为夫人，后宫设立六局二十四司，共 190 人，还有女史50 人，全是良家妇女。这些都是有品级的，无品级的宫女人数相当多，唐代宗宝应元年（762），一次就放宫人 3000。玄宗开元天宝中，仅长安大内、大明、兴庆三宫和东都大内、上阳两宫，即有宫女40000 人。唐玄宗可以说是中国历代帝王中多妻的典型了。《旧唐书·中宗纪》："景龙四年上元夜，帝与皇后微观灯。是夜放宫女数千人看灯。"有唐一代，各个皇帝后宫人数之多是其他朝代罕见的。

五代十国时期是个大混乱的时代，这一时期建立的一些小国家的皇帝，后宫人数亦不少。《周书·武帝纪》载："建德五年，出齐宫中金银宝器珠翠、丽服及宫女二千人，班赐将士。"同光三年（925），后唐庄宗一次就采民间女子 3000 人入宫③。诸小王朝的后宫人数加在一起，数量也是相当大的。

记载宋代后宫人数的文献很少，据现有的材料来看，宋代的宫女数量较前代已大为减少。宋与唐相仿，妃的称号除贵、淑、德、贤外，还有宸妃。辽代妃号更多，金代妃号有十二种。《宋史·宋哲宗孟皇后传》载："玄宗即长，太后历选世家女百余人入

---

① 房玄龄，等.晋书：卷 9[M].北京：中华书局，1974：627.
② 赵克尧，等.唐太宗传[M].北京：人民出版社，1984：43.
③ 司马光.《资治通鉴》（卷 273）.北京：中华书局，2007，248 页

宫。"金灭北宋后,从东京开封掠走宋财物及皇室宫女 2000 多人。可见宋代后宫人数不多。宋代人口的增长是中国古代人口增长的一个高峰。这和宋后宫人数减少及其他类型多妻人数的减少之间有何联系,是一个很值得注意探讨的问题。元代的后宫人数,由于史料缺乏,难以确定具体人数。从蒙古族的生活习性来看,元代的后宫人数不会很多,估计应在千人左右。明代妃号有贤、淑、敬、惠、顺、康、宁、昭等。妃以下还有嫔御多人。据《明懿安皇后外传》载:天启元年,熹宗将举行大婚礼,一次就征集民间秀女五千人,经过挑选后留一千人入宫。有明一代,新皇帝都是从开始继位就不断地选秀女入宫,一直到死才停止。明代的宫女人数,平均每个皇帝两千人。满族入主中原,宫中规制变化不大,有清一代,宫女人数一直都保留在千人左右。

　　以上所述是中国历代君王的多妻状况,除此之外,其他阶层的多妻状况也非常严重。从下列材料中可以看出:《史记·田敬仲完世家》载:"田常选齐国中女子长七尺以上为后宫,后宫以百数。"汉代仲长统说:"公侯这宫,美女数百,卿士之家,侍妾数十。"[1]汉丞相张苍妻妾以百数。东汉以后稍有限制,但数量亦不少。隋朝宗室杨素"后庭妓妾曳绮罗者以千数"[2]。唐代律令规定:亲王,孺子二人,视正五品;媵十人,视正六品;嗣王郡王及一品,媵十人,视从六品;二品,媵八人,视正七品;三品及国公,媵六人,视从七品;四品,媵四人,视正八品;五品,媵三人,视从八品;降此外皆为妾[3]。究竟可以置多少妾,没有任何规定。唐朝时期贵族的妻妾人数普遍较多。五代十国时期的李昊,还家畜妓妾数百人[4]。到了宋代,官僚地主多妻的数量开始减少。

　　明代宗室婚姻的规定是比较严格的,《明律·各例附例》规定:"亲王得一次置妾十人,郡王额妾四人,二十五岁嫡妃无子,始

---

① 范晔.《后汉书》(卷 66).北京:中华书局 ,1965,1112 页
② 魏征等著.《隋书》(卷 48).北京:中华书局,1973,859 页
③ 刘昫.《旧唐书》.北京:中华书局,1975,1273 页
④ 吴任臣.《十国春秋》(卷 52).北京:中华书局,1983,769-775 页

可选二人,三十岁嫡妾皆无子,方许娶足四妾。各将军额妾三人,三十岁嫡妻无子,始许选一人,三十五岁嫡妾皆无子,方许娶足其数。"从此项规定中可以得知,明代对宗室置妾做了严格的规定。对其他阶层的置妾数量肯定会规定得更严。尽管事实上各宗室后来竞相通过各种手段,合法地、非法地多娶妻妾,多生子女,以博取封禄,但明代规定了各个等级的置妾数量比唐代对置妾多少无任何规定要进步得多。

但总的来说,由于一夫多妻的家庭需要有雄厚的财力来维持,故这种婚姻形式,只能存在于官僚、地主、世家、豪族及富商大贾阶层,而对广大劳动人民来说,主要实行一夫一妻制。但只要财力允许,庶人也会置妾。《韩非子》中就记载了这种存在于庶人中的趋势:"卫人有夫妻祝祷者,而祝曰:'使我无故得百束布'。其夫曰:'何少也?'对曰:'益是,子将买妾。'"所以,只要具备了一定的经济能力,人们就会置妾。孟子说:"齐人乞食,亦有一妻一妾",俗语云:"妻不如妾……"。就说明古代不喜欢正妻而喜欢妾,这是中国古代普遍存在的社会现象。

(三)一夫多妻制对中国古代人口发展的影响

在中国古代,妇女的生育数量是影响人口增长的重要因素。大量的后宫中的妇女及婢妾失去了生育的机会,这对中国古代人口增长的影响是非常明显的。这一点,当时的人就已注意到。《墨子·辞过篇》就说:"当今之君,其畜私也,大国拘女累千,小国累百,是以天下之男多寡而无妻,男女失时,故民少。君实欲民之众,而恶其寡,当畜私不可以不节。"在这里,墨子提出君主多妻而使人民无法结婚,并尖锐地指出这种情况造成"男女失时,故民少",把帝王多妻和人口增长联系起来。管子也说:"齐襄公……惟女是崇,九妃六嫔,陈妾数千……是以加家不日益不月长。"[1]这些都说明,春秋时期的先哲们已经注意到了这个问题。

---

[1]　黎翔凤撰.《管子校注》.北京:中华书局,2006,396 页

　　秦汉时期,因残酷打击不同政见者,人们不敢议论政事,更不敢议论后宫事宜。到了汉代,又开始有人不断议论后宫人数对整个人口增长的影响。延熹九年(166),荀爽在对策中说:"众礼之中,婚礼为首。故天子娶十二,天之数也;诸侯以下各有等差……及三代之季,淫而无节,瑶台、倾宫、陈妾数百。阳竭于上,阴隔于下。……臣窃闻后宫采女五六千人。从官侍使复在其外,冬夏衣服,朝夕禀粮,耗费缣帛,空竭府藏,征调增倍,十而税一,空赋不辜之民,以供无用之女。百姓穷困于外,阴阳隔塞于内。故感动和气,灾异屡臻。臣愚以为诸非礼聘未曾幸御者,一皆遣出,使成妃合。一曰通怨旷,和阴阳;二曰省财用,实府藏;三曰修礼制,绥眉寿;四曰配阳施,祈螽斯;五曰宽役赋,安黎民。此诚国家之弘利,天人之大福也。"①陈蕃也上疏说:"比年收敛,十伤五六,万人饥寒,不聊生活,而采女数千食肉衣绮,脂油粉黛,不可赀计。鄙谚曰:'盗不可五女门,'以女贫家也。今后宫之女岂不贫国乎?且聚而不御,必生忧悲之感。"②在这里,他们提出了皇帝多妻所产生的两大问题,一是后宫人口消费影响到国家财政收支平衡,二是使天下阴阳失调,影响人口增长。

　　东汉末年,统治阶级更加腐朽,生活也更加奢侈荒淫。汉灵帝时,吕强上疏说:"臣又闻后宫采女数千余人,衣食之费,日数百金。比谷虽贱,而户有饥色。按当贵而今更贱者,由赋法繁数,以解县官,寒不敢衣,饥不敢食。民有斯厄而莫之恤,宫女无用,填积后庭,天下虽复尽力耕桑,犹不能供。"③汉安帝时,郎上疏顗说:"……礼,天子一娶九女,嫡媵毕具。今宫人侍御,动以千计,或生而幽隔,人道不通,郁积之气,上感皇天。……今陛下多积宫人,以违天意,故皇胤多夭,嗣体莫寄。"④从吕强和郎顗的上疏中我们可以看出,后宫人数的增多已经影响到了天下的安危。汉朝江山

---

①　范晔.《后汉书》(卷66).北京:中华书局,1965,1389页

②　范晔.《后汉书》(卷66).北京:中华书局,1965,2168-2169页

③　范晔.《后汉书》(卷66).北京:中华书局,1965,1707页

④　范晔.《后汉书》(卷66).北京:中华书局,1965,713页

终于在这片喧闹声中土崩瓦解。

三国时期,后宫的人数又有所增加。三国之中,以东吴最为突出。贺邵曾上疏说:"今国无一年之储,家无经月之畜,而后宫之中坐食者万有余人。内有离旷之怨,外有损耗之费,使库廪空于无用,士民饥于糟糠。"①陆凯也上疏说:"今宫中万数,不备嫔嫱,外多鳏夫,女吟于内,风雨逆度,正由此起。"②东吴偏安江东,弹丸之地,后宫中竟也有上万的宫女。

隋唐时期,宫女的数量继续上升。唐初,唐太宗曾对侍臣说:"妇人幽闭深宫,情实可愍。隋氏末年,采求无已。至于离宫别馆,非幸御之所,多聚宫人,皆竭人财力,朕所不取,今将出之,更求伉俪,非独以惜费,亦人各遂其性。"并从掖庭西门放出宫女。五代以后,虽然对后宫人数过多影响人口增长的议论减少,但其影响仍然存在。只不过宋以后,宫中人数相对减少,其影响不如前代那么明显罢了。古代先哲对皇帝以外的多妻对人口的影响的议论也较少,这主要是皇帝的妻妾数量太多了,其他阶层的多妻无法与皇帝相比,故而人们只注意了后宫人数对人口增长的影响。其实,如果将各个阶层的多妻数目加在一起,其影响更大。

下面把中国历史上影响较大的几个王朝的宫中人数与生子数目做一比较:秦代在历史上存在的时间并不长,实际上只存在15年,历2个皇帝。秦始皇后宫万余人,秦二世的宫女也有几千人。秦始皇的万余妻妾所生儿子20多个,女儿也是20余人。秦二世没有后代留世。而且,秦始皇的儿女们大多和秦王朝一起走进了坟墓。西汉,共历15位皇帝。这15位皇帝共生育子女58人③。西汉一代的宫女平均以每个皇帝拥有5000人计算,共计有75000人。而这7万多女子只生育58子。若按一夫一妻制,以平均每个妇女生育四子计算应是生育子女30万人。西汉一代后宫人数影响人口增长的最明显时期是汉武帝时期,汉武帝时宫女数

---

① 陈寿.《三国志》(卷65).北京:中华书局,1963,1136页
② 陈寿.《三国志》(卷65).北京:中华书局,1963,1104页
③ 班固.汉书[M].北京:中华书局,1962.

万人。在公元前 120 年前后,汉代的人口是 4000 左右。但由于汉武帝好大喜功,四处征伐,后宫美女无限度增加,这就严重地影响了汉代人口的增长,到了公元前 90 年,人口由 4000 万降至 3000[①]。汉武帝之后,后宫人数有所减少,人口出现回升,到王莽时期,人口上升到近 6000 万,达到汉代人口的高峰。东汉共历 14 帝,这 14 位皇帝共有子女 68 人。东汉时期宫女人数较西汉又有所增加,这在前文已经叙述。若按每位皇帝后宫平均有 6000 人计算,东汉一代共有宫女 84000 人。若是一夫一妻制。以每个妇女平均生育子女 4 人计算,共应生育子女 336000 人。而其后宫只生育子女 68 人。其生育率之低可想而知。东汉时期的汉桓帝后宫有妇女五六千人,而无一生育,一夫多妻对人口增长的影响在这里看得更清楚。三国时期的东吴,宫女对人口的影响也很明显。孙皓天纪四年(280),东吴有户 523000,口 2567000 人[②]。而孙皓后宫就有 1 万多人。粗略算来,东吴的青年妇女每 25 人就有一人入宫。其对人口的影响当然是很大的。西晋开国皇帝司马炎,后宫有万余人,而其所生子女仅 37 人[③]。若按一夫多妻制计算,每个妇女若生 4 人,应该是生育 40000 余人。隋朝共历两个皇帝,其有子女 17 人[④]。而隋朝两个皇帝的后宫人数加在一起应不少于万人,其生育率之低显而易见。唐代共有皇室 22 位,其中男皇帝 21 位,共有子女 345 人[⑤]。以平均每个皇帝后宫 5000 人计算应有宫女 126000 人。若在民间,以每个妇女生育 4 个子女计算,共应生育子女 504000 人。宋以后,宫女数量虽有所减少,但大多仍在 2000 人左右。明代共历 16 帝,这 16 个皇帝共有子女 190 人,成活(以长到 20 岁为准)122 人[⑥]。明时,以每个皇帝平均后宫 2000 人计算,后宫共计有 32000 人,按一夫一妻制每个

①　赵文林,谢淑君.中国人口史.北京:人民出版社,1984:42.

②　赵文林,谢淑君.中国人口史.北京:人民出版社,1984:81.

③　房玄龄.晋书.北京:中华书局,1974.

④　魏徵.隋书[M].北京:中华书局,1973.

⑤　刘昫.旧唐书[M].北京:中华书局,1975.

⑥　张廷玉,等修.明史[M].北京:中华书局,1974.

妇女生育 4 子计算,共应生育子女 128000 人。而实际上只生育 190 人,只相当于民间 47 个妇女的正常生育。从上述资料可以清楚地看到,无数的青春少女在宫中默默地度过一生,成为封建帝王无限占欲的牺牲品,同时也给中国古代人口增长带来了严重的影响。

综上所述,可以得出结论:一是一夫多妻对中国古代人口的发展起着一种阻碍作用。美国学者加里·斯坦利·贝克尔从婚姻市场的经济角度分析了人类历史上一夫多妻制的存在和消亡,认为"在一夫多妻制的情况下每个妻子的子女数量会随着妻子数量的增加而减少"①。隋唐以前,中国人口的最高数字始终在 6000 万左右徘徊就与这个时期多妻有关。而宋以后,由于多妻数量减少,使人口数字出现了新的变化。当然,后来清代人口的激增还与食物结构变化等因素有关。二是一夫多妻也带来严重的社会问题,一人多娶就会一人无妻,使得社会阴阳失调,天下之男无妻者众多,使得中国古代妓院盛行,严重败坏了社会风气。三是一夫多妻,特别是皇室多妻,严重地影响了中国古代人的身体素质。法国学者安德烈·比尔基埃认为"古人多妻的重要目的就是要保证家族血脉的传承"②。中国古代的统治者为了保证自己良好的基因传承所选为妻妾的女子皆天下聪明美丽、身体健康之女子。现代科学研究已经证明,遗传因素在人的身体和智力发育方面都非常重要,而古代的帝王将相们所选这些聪明美丽、身体健康之女子却绝大部分终身不育。如此一代一代选下来,其影响是不可低估的。延续几乎与中国文明史一样长的一夫多妻制确实对中国人的身体素质带来不利影响。四是在中国几千年的古代社会中,多妻现象一直盛行于社会上层,这使封建统治者荒淫无耻,政治更加腐败,生活更加奢靡。按《周礼》:"九嫔掌妇学之

---

① [美]加里·斯坦利·贝克尔.家庭论.王献生,等译.北京:商务印书馆,1998:89-91.

② [法]安德烈·比尔基埃.家庭史[M].袁树仁,等译.北京:生活·读书·新知三联书店,1998:719-721.

法。"郑康成注："自九嫔以下,九九而御于王所。凡群妃御见之法,月与后妃其象也。卑者在先,尊者在衙,女御八十一人,当九夕;世妇二十七人,当三夕;九嫔九人,当一夕;三夫人当一夕,后当一夕,亦十五日而遍云,自望后反之。"再加上其他宫女,历代帝王的荒淫可想而知。因荒淫而误国者也不少见,像陈叔宝、孙皓、隋炀帝、唐玄宗等。更有不少君主因荒淫而短命。"一夫多妻制的长期存在不知断送了多少次中国历史上大好的改革与发展机遇,给后人留下了一个沉重而值得深思的课题"①。一夫多妻制的危害正如梁启超先生所说,"它有害于养生,有害于传种,有害于蒙养,有害于修学,有害于国计"。

五、北宋中期的社会改革及其历史启示

(一)改革是北宋中期社会历史发展的必然

北宋中期,各种社会矛盾激化,封建社会的瘤病——土地兼并已非常严重。王安石变法前地主占有全国 70% 以上的土地,而全国农民有一半沦为佃农,生活极为困苦。② 土地是封建国家收取赋税的根本,由于大量的土地被少数人占有,而且这些人又可以通过各种特权免交赋税,使得社会不稳定因素愈益增加。

北宋经济政治的危机还表现在冗兵、冗官、冗费等方面。北宋统治者为了加强中央集权和争夺更多阶层的支持,不断地增设机构,扩大仕途,使统治机构臃肿,官员多而办事效率低,所谓"州县之地不广于前,而官五倍于旧"。宋代周而灭诸国,为了扩大支持面,对后周及各国的官员加以任用,并且"恩荫"了大批官吏。宋代科举也扩大名额,一次取士可达上千人,而且去掉了唐朝的吏部考试,及第后就可以做官。这样众多的官吏三年一"磨勘",只要无大错,照例皆可升迁,官员质量自然十分低劣。宋代奉行

---

①　王瑞平.一夫多妻制与中国古代社会[N].光明日报理论版,2007(9).

②　徐高祉主编.《中国古代史》下册.上海:华东师范大学出版社,1994,177 页

养兵政策,赵匡胤认为,"可以利百代者,唯养兵也"。当时一遇灾荒,便趁机募兵,兵员与日俱增,但宋朝军队的战斗力很弱,养兵政策使士兵成为终身职业兵,领兵将领却变换无常,这样就造成了"兵不识将,将不识兵"的结果,使宋军战斗力大为减弱,所以北宋中期以后出现了"积弱"的局面。宋代的官吏有优厚的待遇,当时人就说"恩逮于百官者,惟恐其不足;财取于万民者,不留其有余"①。再加上庞大的养兵费用,所以到了宋英宗时期已经出现了入不敷出的局面。积贫积弱局面的出现,使得北宋中期以后阶级矛盾非常尖锐,迫使宋朝统治者不得不思考进行社会改革。

(二)北宋中期的政治改革与经济改革

在北宋中期的社会改革中,无论是范仲淹改革还是王安石变法,都涉及政治改革与经济改革问题。首先看庆历新政对二者关系的处理。庆历新政的内容有十个方面,其中政治改革占了八个方面,经济改革占了两个方面。庆历新政是以吏治为中心的一次改革,政治改革方面的八条内容有五条都是整顿吏治的,另三个方面从整顿军队、加强皇帝的权威、重命令方面进行改革。虽然这些改革的范围今天看来是非常有限的,但新法出台后,还是在一定程度上损害了部分官僚的利益,引起了他们的强烈反对,改革内容真正得到落实的很少。经济方面的两项改革一是厚农桑,一是减徭役,实际上也很难落实。因为减徭役是和冗兵、冗官、冗费联系在一起的,上面的问题不能解决,徭役则很难从减。范仲淹所进行的政治方面的改革,全部是在封建社会的政治体制内进行的,这是"中国历来重视行政改革而忽视政体改革的一个例证"②,也是中国古代历史上的政治改革难以成功的根本原因;而范仲淹所进行的经济改革也不足以支持其政治改革,所以,新政推行不到一年就失败了。这次变法失败一方面说明了在封建社

---

① 《廿二史札记》卷 25《宋制禄之厚》
② 王焱.《促进国家政治生活的法制化》,《政治中国》.北京:今日中国出版社,1998,30 页

会内不进行政治体制改革而进行行政改革是行不通的,另一方面也说明了只重视政治改革而忽视经济改革不仅不能成功,连最一般的收益也难以取得。这之后进行的王安石变法就吸取了庆历新政失败的教训。王安石变法的内容大体可分为三个方面,第一方面是理财方面的改革,分为均输、青苗、农田水利、募役、市易、方田均税等六个方面,这样就限制了商人投机倒把,使人民负担有所减轻,有助于发展农业生产,国家可增加一笔收入。王安石变法首先把改革的中心放在经济改革上,而且措施又切实可行,所以变法很快就在经济上取得成效。王安石变法的第二个方面是军事方面,其措施有将兵法、保甲法、保马法等。这些改革都是针对北宋军队的战斗力下降而进行的,兵法改变了过去"兵不识将、将不识兵"的局面,而且在变法过程中,王安石裁减了大批禁军,节省了大笔军费开支,对推动其他方面改革起了积极作用。王安石变法的第三个方面是教育改革,主要措施有改革科举制度、整顿学校等。

从王安石变法的内容来讲,经济改革是核心,军事改革的目的是强国,教育改革是为整个改革选拔人才。王安石变法与庆历新政相比,它不是直接在政治上损害官僚贵族的利益,所以它遇到的阻力就少一些。王安石变法的中心内容实际上是调整统治阶级内部的财产分配,将大地主及贵族隐瞒的土地清查出来,以收取赋税的形式将其部分收入收归国家。这种以经济改革为中心的措施与王安石初期的改革设想不是完全一致的。早在王安石酝酿改革时,他非常清楚地认识到政治改革的重要性,但在实际改革中,其政治改革的设想并未付诸实践。王安石在改革前曾说:"官乱于上,民贫于下,风俗日以薄,财力日以困穷。"[1]并且认为,"变风俗、立法度,是方今当务之急也"。[2] 王安石的新法虽然未有行政方面的改革条款,但在实际推行新法过程中,王安石启用了很多新人,罢黜了一些因循守旧的官吏。当时就有人攻击他

---

[1]　王安石.《上时政书》

[2]　《宋史·王安石传》

说："罢黜中外老成人几尽,多用以下儇慧少年。"①王安石变法的主要措施是经济方面,但其变法的目的是为政治服务的。正如王安石上书中所说的,"盖汉之张角,三十六方同日而起,而所在郡国,未能发其谋;唐之黄巢,横行天下,而所至将吏无敢与之抗者。汉唐之所以亡,祸自此始"。② 王安石很明确地指出,只有形成以君主为核心的高效能官僚体系,才能挽救积重难返的大宋王朝。③

王安石在变法中,想用一定范围内的法制来推动改革的进行。他自己认为改革要分两步走,一是立法,二是选才。在改革中他特别注意改善理财之法,新法确实使国家的财政状况得到改善。但王安石变法的缺陷很显然是政治方面,并非他没有认识到政治改革的重要,他曾说:"守天下之法者,吏也。吏不良,则有法而莫守。"④但在实际变法过程中,王安石并未对官僚体制进行改革,而只是通过改革科举制度使一些支持变法的新人进入官僚体系。

王安石理财的关键就是"抑豪强""使轻重敛散之权,归之于上",⑤实现国家对经济、财政的全面控制。这一点深得宋神宗的支持,应该说宋神宗的强力支持是王安石以经济为中心的变法能够取得阶段性成就的关键。但当改革向纵深发展时,这场缺乏政治改革支持的经济改革,开始举步维艰,趋向失败,而且一时的改革成果也难以保护。

应该说王安石变法的策略是正确的,在封建社会政体不可能改变的情况下,首先进行政治改革阻力很大,而先进行经济改革相对来说阻力就小一些。正如王安石所说:"稍视时势之可否",一俟时机成熟,"天下之变备矣。""然后吾因其变而制之法耳。"⑥看来,王安石政治改革的设想终其改革失败也未能实现,其经济

---

① 《宋史·王安石传》

② 《上仁宗皇帝·万言书》

③ 刘泽华.《中国古代政治思想史》.天津:南开大学出版社,1997,522 页

④ 《度支副使万壁题名记》

⑤ 《乞制置三司条例》

⑥ 《天子贤于尧舜》

改革也未能取得最后胜利,这是由历史条件决定的,不是王安石一个人所能改变得了的。

(三)北宋中期社会改革失败的历史启示

北宋中期的社会改革虽然最后失败了,但留给我们许多的历史启示。其一,改革要有坚定不移、持之以恒的决心。改革尤其是政治改革首先遇到的是人的问题,既然是改革,就必然会损害一部分人的既得利益,而这些人无论出于何种目的,对改革都是不会支持的,庆历新政的失败尤其证明了这一点。所以我们在今天的改革中要有充分的思想准备,不能因为改革遇到阻力或挫折就停止改革或者放弃改革。其二,改革要有切实可行的措施。王安石变法的经济政策和军事改革都是针对当时时弊而发,且击中要害,措施具体,所以取得了一定的成就,但终因在当时的历史条件下,王安石没有也根本不可能进行政治方面的改革,所以,使经济改革向前发展时如无源之水,最后连改革的成果都不能保护,足以证明政治改革的重要性。但范仲淹只重视政治改革而忽视经济改革,使其改革直接面对强大的反对面,且又措施不力,所以改革毫无收获且迅速失败。北宋两次改革的经验教训使我们认识到,制定严密、具体、切实可行的改革措施也是改革成败的关键。其三,社会改革必须使经济改革与政治改革相适应。庆历新政先从政治改革入手,而忽视了经济改革;而王安石从经济改革入手,待时机成熟再进行政治改革。两次改革的侧重点不同,在当时的社会历史条件下,王安石变法取得成功的可能性就大一些,因为在封建专制政体内要进行政治改革是非常困难的,从中国古代的改革史来看,尚未有成功的先例。而在政治体制不变的情况下进行经济方面的改革,取得一定的成效则是可能的。但在中国封建社会中之所以没有成功的经济改革,也说明只搞经济改革最终是行不通的。